novum pro

THERESA HORNICH

MIT ZAHLREICHEN PRAKTISCHEN ÜBUNGEN

WENN EINEM DER RÜCKEN IN DEN RÜCKEN FÄLLT

URSACHEN, PRÄVENTION UND REHABILITATION VON RÜCKENSCHMERZEN

novum pro

www.novumverlag.com

Bibliografische Information
der Deutschen Nationalbibliothek:

Die Deutsche Nationalbibliothek
verzeichnet diese Publikation in
der Deutschen Nationalbibliografie.
Detaillierte bibliografische Daten
sind im Internet über
http://www.d-nb.de abrufbar.

Alle Rechte der Verbreitung,
auch durch Film, Funk und Fernsehen,
fotomechanische Wiedergabe,
Tonträger, elektronische Datenträger
und auszugsweisen Nachdruck,
sind vorbehalten.

© 2020 novum Verlag

ISBN 978-3-99107-271-3
Lektorat: Susanne Schilp
Umschlagfotos: Antonyesse,
Forkosmos | Dreamstime.com
Umschlaggestaltung, Layout & Satz:
novum Verlag
Innenabbildungen: Andreas Hartl

Gedruckt in der Europäischen Union
auf umweltfreundlichem, chlor- und
säurefrei gebleichtem Papier.

www.novumverlag.com

INHALTSVERZEICHNIS

EINLEITUNG 7

DER RÜCKEN – AUFBAU UND STRUKTUREN 9
   Skelett und Bandscheiben 11
   Rückenmark und Nerven 12
   Muskulatur 14
   Bänder, Sehnen, Faszien 15

RÜCKENSCHMERZEN 16
   Klassifikation und unterschiedliche
   Erscheinungsformen 17
   Ursachen und Diagnosen 19
   Komorbidität 22
   Schmerzen im Alltag 23

RISIKOFAKTOREN FÜR RÜCKENSCHMERZEN 25
   Einfluss biologischer Faktoren 25
   Einfluss von Lifestyle-Faktoren 27
   Einfluss sozialer Faktoren 28
   Einfluss psychischer Faktoren 29

DAS BIO-PSYCHO-SOZIALE MODELL 31

RESSOURCEN DER GESUNDHEITSFÖRDERUNG 33

PRÄVENTION 35
   Ergonomie zur Gesundheitsförderung 36
   Rückenschule am Arbeitsplatz
   zur Gesundheitsförderung 39
   Ernährung in Zusammenhang
   mit Schmerzentwicklung 40

Prävention durch Wissen – Ausbildungsprogramme 42
Operationen und Medikamente 43

REHABILITATION – THERAPIEN 44
Manuelle Therapie 44
Physiotherapie 45
Trainingstherapie 46
Physikalische Therapie 46
Verhaltenstherapie 47
Entspannungstherapie 47
Akupunktur 48

PRAXISTEIL 49
Ergonomie – Tipps für den Alltag 49
Alltagsbezogene Ernährungstipps 51
Entspannungsverfahren 52
Ausgewählte trainingstherapeutische Übungen 54

NACHWORT 101

QUELLENANGABEN 103

EINLEITUNG

Rückenschmerzen gehören in der heutigen Gesellschaft zu den am häufigsten auftretenden Beschwerden am menschlichen Bewegungsapparat. Man versteht darunter vor allem Schmerzen im Bereich des unteren Rückens, die vom Rippenansatz bis zur Hüfte reichen. Die Häufigkeit von Rückenschmerzen ist in den vergangenen 30 Jahren in allen Bevölkerungsgruppen kontinuierlich angestiegen, unter anderem durch die immer höhere Lebenserwartung. Derzeit sind Rückenprobleme weltweit die häufigste Ursache für eine Einschränkung des täglichen Lebens bis hin zur Arbeitsunfähigkeit.

Als studierte Sportwissenschafterin, Trainingstherapeutin und Psychologin beschäftige ich mich in meinem täglichen Berufsalltag mit den unterschiedlichsten Ausprägungen von Rückenschmerzen beziehungsweise Schmerzen am gesamten menschlichen Bewegungsapparat, mit deren Ursachen und Therapiemöglichkeiten. Gespräche mit Patienten sowie Arbeitskollegen in einem wirbelsäulenspezifischen, ambulanten Rehabilitationszentrum in Wien haben mein Interesse zu diesem Thema zusätzlich geweckt und mich dazu motiviert, weitere Literaturrecherchen zu betreiben und mein Wissen in diesem Bereich zu erweitern.

Damit infolgedessen vor allem von Rückenschmerzen betroffene Personen von den gesammelten Informationen profitieren können, habe ich mich entschlossen, mein Wissen über die unterschiedlichen Aspekte von Rückenbeschwerden in dem vorliegenden Buch zusammenzufassen. Es handelt sich nicht um eine wissenschaftliche Arbeit, obwohl zu ihrer Verfassung einige wissenschaftliche Studien und Artikel sowie persönliche Erfahrungen berücksichtigt wurden. Dieses Buch ist als allgemeinverständlicher und praxisorientierter Ratgeber für Menschen mit Rückenschmerzen gedacht. Ziel dabei war es, mehrere unterschiedliche Ursachen von Schmerzen, wie zum Beispiel Risikofaktoren, psychologische und soziale Faktoren sowie ergonomische Aspekte, in kurzen Worten zusammenzufassen und verständlich darzustellen, wobei das vorliegende Buch keinesfalls Anspruch auf Vollständigkeit erhebt.

Ebenfalls werden keine neuen Erkenntnisse über Rücken- und Nackenschmerzen aufgedeckt, dieses Buch ist vielmehr eine Zusammenfassung bereits bekannter Faktoren über Wirbelsäulenbeschwerden.

Das Werk gliedert sich in einen theoretischen Teil, der fachliches Hintergrundwissen zum Thema Rückenschmerzen aus unterschiedlichen Blickwinkeln vermittelt, und einen praxisbezogenen Teil mit Tipps und Anleitungen zu Ergonomie, Ernährung, Entspannung und Sport.

Zur einfacheren Lesbarkeit wurde auf eine gendergerechte Formulierung verzichtet. Es sind immer alle Geschlechter gleichermaßen gemeint.

DER RÜCKEN – AUFBAU UND STRUKTUREN

Die Wirbelsäule und der Rücken sind Bestandteile des menschlichen Rumpfes, der außerdem aus dem Brustkorb und dem Becken besteht. Die Wirbelsäule setzt sich aus 32 bis 34 separaten Wirbelkörpern zusammen, die sich durch ihren Aufbau eindeutig unterschiedlichen Segmenten (Hals, Brust, Lenden) zuordnen lassen. Jeder gesunde Mensch besitzt 24 freie Wirbel, welche über 23 Bandscheiben beweglich miteinander verbunden sind, sowie neun bis zehn nicht frei bewegliche Wirbelkörper, die zu Kreuz- und Steißbein verwachsen sind. Die gesamte Wirbelsäule lässt sich demnach in sieben Halswirbel, zwölf Brustwirbel, fünf Lendenwirbel und fünf zum Kreuzbein verwachsene Wirbel sowie drei bis fünf ebenfalls häufig miteinander verwachsene Steißbeinwirbel unterteilen.

Jeder einzelne Wirbel besitzt einen Wirbelkörper, wobei die einzelnen Wirbelkörper durch Bandscheiben miteinander verbunden sind, welche die Masse des menschlichen Körpers bei Stößen und Erschütterungen abfedern. Weitere Bestandteile sind der Wirbelbogen, der in Kombination mit den benachbarten Wirbeln den Wirbelkanal bildet, durch den sich das Rückenmark zieht. Außerdem besitzt jeder Wirbel Fortsätze, nämlich zwei Querfortsätze und einen Dornfortsatz, an denen Muskeln oder Rippen (Brustwirbelsäule) ansetzen. Ebenso hat jeder Wirbel zwei seitliche Ausschnitte, die gemeinsam mit den benachbarten Wirbeln das Zwischenwirbelloch bilden, durch das die Rückenmarks- oder Spinalnerven austreten.

Die Krümmungen der Wirbelsäule nennt man Lordose (Hals- und Lendenwirbelsäule) und Kyphose (Brustwirbelsäule und Kreuzbein). Sie dienen der Abfederung von Belastungen und Erschütterungen in Längsrichtung.

Die folgenden Abbildungen sollen den Aufbau der Wirbelsäule und Wirbelkörper veranschaulichen.

Skelett und Bandscheiben

Obwohl sich Hals-, Brust- und Lendenwirbel in Form und Größe leicht unterscheiden, besitzen sie größtenteils den gleichen strukturellen, knöchernen Aufbau. Eine Ausnahme hiervon bilden die ersten beiden Wirbel der *Halswirbelsäule*, welche die Verbindung zum Schädel herstellen. Der oberste Halswirbel, auch Atlas genannt, besitzt keinen Wirbelkörper, sondern besteht lediglich aus dem Wirbelbogen, welcher seitliche Auflageflächen für Gelenkbestandteile des Hinterhauptbeines besitzt. Der zweite Halswirbel, Axis genannt, besitzt bereits einen Wirbelkörper, von dem ein dornartiger Fortsatz ausgeht, der gemeinsam mit dem Atlas seitliche Drehbewegungen der Halswirbelsäule ermöglicht. Alle weiteren Halswirbel besitzen einen Wirbelkörper, sind in ihrer Form aber etwas kleiner als Brust- und Lendenwirbel. Der siebte Halswirbel steht etwas hervor, sodass sein Dornfortsatz unter der Haut deutlich spürbar ist und dadurch oft zur Orientierung bei manuellen Therapien benutzt wird.

Die Dornfortsätze im Bereich der *Brustwirbelsäule* sind nach unten gerichtet, die Querfortsätze besitzen Gelenkflächen, an denen die Rippen, Bänder und Muskeln ansetzen.

Im Bereich der *Lendenwirbelsäule* befinden sich die größten Wirbelkörper, da diese das meiste Gewicht tragen müssen. Anstelle der Querfortsätze besitzen sie jedoch sogenannte Rippenfortsätze, die in ihrem Aussehen und ihrer Funktion den Querfortsätzen stark ähneln.

Kreuz- und Steißbein bestehen aus verwachsenen Wirbeln ohne dazwischen liegende Gelenke oder Bandscheiben. Über das wenig bewegliche, irreguläre Iliosakralgelenk, auch Kreuzbein-Darmbein-Gelenk genannt, wird die Verbindung zwischen dem Kreuzbein und dem Darmbein, also grob gesagt zwischen Wirbelsäule und Becken, hergestellt.

Zwischen den beweglichen Wirbelkörpern befinden sich die *Bandscheiben*, die von der Halswirbelsäule (Ausnahme erster und zweiter Halswirbel) bis zum verschmolzenen Kreuz- und Steißbein reichen und unechte Gelenke darstellen. Sie sind aus Faserknorpeln aufgebaut und besitzen einen festen äußeren Ring aus Kollagenfasern und einen relativ weichen inneren Gallertkern. Dieser Gallertkern ist mit Flüssigkeit gefüllt, die im Lauf des Tages durch körperliche Belastungen abgebaut wird. Bei Nichtbelastung saugen die Bandscheiben wieder Flüssigkeit auf, sodass ein höherer Quellungsdruck erreicht wird. Dieser Mechanismus ist mit der Funktion eines Schwamms vergleichbar, der tagsüber durch Druckeinwirkungen ausgepresst wird und in der Nacht wieder Flüssigkeit aufnimmt. Regelmäßige körperliche Aktivität und Bewegung während des Tages gewährleisten die Anreicherung mit Flüssigkeit und die damit einhergehende Aufnahme von Nährstoffen in die Bandscheibe. In ihrer Funktion dienen Bandscheiben vor allem dem Abfedern von Druck und Erschütterungen sowie als bewegliche Verbindung der einzelnen Wirbelkörper.

Die *Wirbelbogengelenke*, die als echte Gelenke gelten, werden durch Gelenkfortsätze miteinander verbunden. Sie bestimmen die Bewegungsrichtung der einzelnen Segmente, während Bänder und Bandscheiben den Bewegungsumfang begrenzen. Die größte Beweglichkeit ist im Bereich der Halswirbelsäule möglich, aber auch die Lendenwirbelsäule lässt sich gut bewegen. Hier sind sowohl Streckungen (Extension) als auch Beugungen (Flexion) und Drehbewegungen (Rotation) möglich. Die Brustwirbelsäule ist am unbeweglichsten, da hier die Rippen sowohl an der Wirbelsäule als auch am Brustbein befestigt sind, was die Beweglichkeit deutlich einschränkt.

Rückenmark und Nerven

Das menschliche Rückenmark befindet sich im Inneren der Wirbelsäule, gut geschützt im Wirbelkanal, und bildet gemeinsam mit dem Gehirn das zentrale Nervensystem. Es verläuft vom großen Hinterhauptloch, wo es in das verlängerte Mark des Hirnstamms übergeht, bis zur Höhe des zweiten Lendenwirbels und ist über die Spinalnerven mit wesentlichen Anteilen des peripheren Nervensystems verknüpft. Während der Embryonalentwicklung bildet sich das Rückenmark über die gesamte Länge der Wirbelsäule aus. Da es jedoch langsamer wächst als die umgebenden knöchernen Strukturen, reicht es schon bei der Geburt nicht mehr über die gesamte Länge der Wirbelsäule, und im Erwachsenenalter bestehen ab dem zweiten Lendenwirbel nur noch Wurzelfäden, die nach Austritt aus der Wirbelsäule zu den Spinalnerven werden. Diese Spinalnerven treten auf der gesamten Länge der Wirbelsäule seitlich durch die Zwischenwirbellöcher aus und senden Informationen zu den Muskeln der Extremitäten.

Das Rückenmark weist eine graue Innenzone auf, die von einer weißen Außenzone umgeben ist. Die graue Substanz besteht hauptsächlich aus Nervenzellkörpern, während die weiße Substanz Bündel von aufsteigenden und absteigenden Nervenfasern enthält, welche Reize an die Spinalnerven weitergeben.

Die *graue Substanz* besteht aus einem Vorderhorn, einem Hinterhorn und einem verbindenden Seitenhorn. Sie gliedert sich somit in drei Teile, nämlich eine schmale Hintersäule, eine breite Vordersäule und eine kleine Seitensäule, welche nur im Bereich der Brustwirbelsäule auftritt. Durch diesen Aufbau, durch den Eintritt von Nervenfasern in das Hinterhorn und den Austritt von Nervenfasern aus dem Vorderhorn wird die umgebende *weiße Substanz* ebenfalls in drei Zonen eingeteilt. Innerhalb dieser Zonen befinden sich sowohl aufsteigende als auch absteigende Nervenfasern, die entsprechend ihrer Funktion zu Faserbündeln zusammengefasst sind.

Die Nervenfasern, die das Rückenmark verlassen, werden Spinalnerven genannt und lassen sich anhand ihrer Lage und Funktion in Afferenzen und Efferenzen einteilen. Jene Fasern, die in der hinteren Wurzel des Spinalnervs liegen und von der Peripherie zum Rückenmark leiten, werden als afferente Fasern bezeichnet, während jene Fasern, die Informationen vom Rückenmark in die Peripherie leiten und in der vorderen Wurzel liegen, efferente Fasern genannt werden. Diese afferenten und efferenten Fasern sind Teil des vegetativen Nervensystems.

Muskulatur

Bänder und Muskeln verleihen der Wirbelsäule die nötige Stabilität, wobei große Muskelgruppen vor allem für die Aufrichtung und große Bewegungen zuständig sind, während kleine Muskelgruppen die Feinabstimmung übernehmen.
Die *Halsmuskulatur* lässt sich in drei Schichten unterteilen. Kurz zusammengefasst ist die oberflächliche Schicht vor allem für die Spannung der Haut im Halsbereich sowie das Wenden des Kopfes zuständig. Die mittlere Schicht kontrolliert die Bewegung von Zungenbein und Kehlkopf, während die tiefe Muskelschicht Drehungen und Neigungen der Halswirbelsäule nach vorne und zur Seite steuert.

Die *Rückenmuskulatur* wird aufgrund ihrer Lage in die oberflächliche und tiefe/echte Rückenmuskulatur eingeteilt. Die *oberflächliche Rückenmuskulatur*, auch *dorsale Schultergürtelmuskulatur* genannt, besteht aus Kapuzenmuskel (m. trapezius), breitem Rückenmuskel (m. latissimus dorsi), Schulterblattheber (m. levator scapulae) und den Rautenmuskeln (m. rhomboideus major und minor) und ist vor allem für die Bewegung von Schulter und Schulterblatt verantwortlich.

Die *tiefe* oder *echte (autochthone) Rückenmuskulatur* dient der Aufrichtung und aufrechten Haltung der Wirbelsäule sowie der seitlichen Dreh- und Neigebewegung. Sie wird in einen lateralen Muskelstrang, der zur Streckung, Seit- und Rückwärtsneigung der Hals-, Brust- und Lendenwirbelsäule dient, und einen medialen Muskelstrang, der zur Streckung, Neigung und Drehung sowie zur Stabilisierung der Wirbelsäule dient, unterteilt. Ebenfalls Teil der tiefen Rückenmuskulatur sind die *kurzen Nackenmuskeln*, die Rückwärtsneigung und Drehung des Kopfes kontrollieren.

Die *Bauchmuskulatur* ist der Gegenspieler der Rückenmuskulatur und dient ebenfalls der aufrechten Haltung der Wirbelsäule sowie der Drehung, Seitwärts-Neigung und vor allem Beugung des Rumpfes.

Bänder, Sehnen, Faszien

Rund um die Wirbelsäule sind unterschiedliche *Bänder* angeordnet, die für die notwendige Stabilität sorgen und das Bewegungsausmaß der Wirbelsäule im Bereich der Extension, Flexion, Seitneigung und Rotation begrenzen, um knöcherne Strukturen, Nerven und Bandscheiben vor Verletzungen zu schützen.

Sehnen im Bereich des Rückens dienen als Verbindungsstücke zwischen einzelnen Wirbeln und der Rückenmuskulatur und unterstützen somit die Stabilität der Wirbelsäule.

Faszien, auch Bindegewebe genannt, finden sich im gesamten Körper. Sie umgeben einzelne Muskelfasern, Muskelgruppen und Organe sowie Sehnen und Knochen und sorgen dadurch für Form, Stabilität und Flexibilität des Bewegungsapparates. Sie versorgen Zellen mit wichtigen Nährstoffen und befreien sie von Schadstoffen, dienen der Beweglichkeit des gesamten Körpers und sollen außerdem die Muskelarbeit erleichtern. Kommt es zu einem fehlerhaften Ablauf dieser Prozesse, kann das an verklebten Faszien liegen, die in ihrer normalen Funktion eingeschränkt sind. Sie sind somit häufiger Grund von Schmerzen, vor allem von Rücken- und Nackenschmerzen.

RÜCKENSCHMERZEN

Unter Rückenschmerzen versteht man laut Definition jene Schmerzen, die im Bereich des Rückens auftreten und sich hauptsächlich vom Rippenansatz bis zur Hüfte erstrecken. Im Rahmen dieses Buches wird der Begriff der klassischen Rückenschmerzen um den der Nackenschmerzen erweitert. Es handelt somit von Beschwerden im Bereich der gesamten Wirbelsäule.

Rückenschmerzen gehören zu den häufigsten Erkrankungen weltweit, und die Anzahl jener Personen, die unter Wirbelsäulenbeschwerden leiden, steigt stetig an. Nicht nur ältere Menschen sind davon betroffen, wie fälschlicherweise oft angenommen wird, sondern jede Altersgruppe kann unter Schmerzen im Bereich der Wirbelsäule leiden. Die Anzahl der Personen, die aufgrund von Rückenproblemen ihren Lebensstil anpassen müssen und dadurch in ihren täglichen Aktivitäten sowie im Berufsalltag eingeschränkt sind, ist seit dem Jahr 1990 um 54 Prozent gestiegen, und Prognosen sagen einen weiterhin kontinuierlichen Anstieg voraus. Etwa 80 Prozent der Bevölkerung geben an, innerhalb der vergangenen zwei Jahre zumindest einmal unter Rückenschmerzen gelitten zu haben.

Obwohl die meisten Episoden starker Rückenschmerzen nicht besonders langfristig sind, werden sie als immer wiederkehrendes Problem betrachtet und stellen dadurch sehr wohl eine langfristige Belastung für betroffene Personen dar.

In sehr vielen Fällen kann zunächst keine eindeutig körperliche Ursache für die Schmerzempfindung festgestellt werden, weshalb Rückenschmerzen als komplexes Problem betrachtet werden. Sie unterliegen mehreren genetischen, biologischen, physiologischen sowie sozialen, ergonomischen und psychologischen Einflussfaktoren.

Klassifikation und unterschiedliche Erscheinungsformen

Eine mögliche Einteilung von Rückenschmerzen erfolgt anhand der zeitlichen Faktoren ihres Auftretens:

- Schmerzen, die weniger als sechs Wochen dauern, werden als *akute Rückenschmerzen* bezeichnet. Sie können entweder spezifisch, also durch einen speziellen strukturellen Auslöser, oder ohne klar ersichtliche Ursache, also unspezifisch, auftreten. Unspezifische Rückenschmerzen sind die am häufigsten auftretenden Schmerzen im Bereich des Rückens und haben in den meisten Fällen funktionelle Ursachen wie Muskelverspannungen oder muskuläre Dysbalancen. Sie können daher sehr gut konservativ – und im Normalfall ohne bleibende Folgen – behandelt werden. Für Patienten mit unspezifischen akuten Rückenschmerzen ist es wichtig, weiterhin ihren gewohnten Aktivitäten nachzugehen und in Alltag und Sport aktiv zu bleiben, ohne sich körperlich einschränken zu lassen. Spezifische akute Rückenschmerzen entstehen durch genau identifizierbare Auslöser, wie zum Beispiel Stürze oder organische Veränderungen und können durch speziell abgestimmte Behandlungen therapiert werden.
- *Subakute Rückenschmerzen* haben eine Dauer von sechs bis zwölf Wochen und verlaufen in den meisten Fällen weniger intensiv als akute Schmerzen. Sowohl akute als auch subakute Rückenschmerzen können in den meisten Fällen ohne Operation behandelt werden und erfahren durch gezielte konservative Therapien eine deutliche Verbesserung.
- *Chronische Rückenschmerzen* sind mit einer Dauer von über zwölf Wochen sehr langfristig. Die Behandlung chronischer Schmerzen erfolgt häufig über ein umfassendes Therapieprogramm, das neben anatomischen und physiologischen auch psychologischen und sozialen Aspekten Beachtung schenkt. Wenn Schmerzen chronisch werden, spielen meist mehrere unterschiedliche Faktoren, wie zum Beispiel Stress und Über-

forderung eine wichtige Rolle, weshalb in diesem Bereich ein umfassendes bio-psycho-soziales Modell zur Behandlung bevorzugt werden sollte.

Eine weitere mögliche Einteilung von Rückenbeschwerden erfolgt ausschließlich aufgrund der Ursache von Schmerzen und ist jene: spezifische und nicht-spezifische Rückenschmerzen ohne Beachtung zeitlicher Aspekte.
Ein weiteres nützliches Klassifikationssystem ist das *Treatment-Based Classification System for Lower Back Pain*. Dieses konzentriert sich vor allem auf die angestrebten Behandlungsmöglichkeiten von Rückenschmerzen und ordnet Patienten dementsprechend Gruppen zu. Grundsätzlich werden dabei zwei zeitlich aufeinanderfolgende Schritte unterschieden, nämlich zuerst der Kontakt mit unterschiedlichen Gesundheitseinrichtungen zur Erstellung einer spezifischen Diagnose und anschließend eine entsprechende Rehabilitationsmaßnahme.

- Beim ersten Kontakt mit Gesundheitseinrichtungen wird eine Diagnose gestellt und infolgedessen eine Rehabilitationsmaßnahme entworfen. Dabei unterscheidet man drei Bereiche: *medizinische Betreuung*, welche bei starken strukturellen Schädigungen notwendig ist; *rehabilitative Betreuung*, wenn Schmerzen in ihrem Schweregrad etwas leichter ausfallen, jedoch ebenfalls rehabilitative Maßnahmen von Fachpersonal erfordern; und *Unterstützung zur Heimpflege*.
- Die sich jeweils anschließenden Rehabilitationsmaßnahmen können ebenfalls in drei Bereiche gegliedert werden, nämlich in Maßnahmen zur *Symptombekämpfung*, Maßnahmen zur *Verbesserung der Bewegungskontrolle* und Maßnahmen zur *Optimierung der Funktionalität*.

In der Praxis werden Schmerzen der Lendenwirbelsäule oft mit Problemen der Hüftgelenke verwechselt. Betroffene Patienten können nicht zuordnen, welcher Körperbereich exakt betroffen ist und woher die Schmerzen kommen. Besonders Rückenschmerzen, die in die Beine ausstrahlen, werden oft fälschlicherweise für eine Hüftproblematik gehalten. Ebenso können Hüftprobleme für Rückenschmerzen gehalten werden, obwohl die eigentliche Ursache in der Hüftregion liegt.

Auch eine klare Abgrenzung zwischen Schulterproblemen und Schmerzen der Halswirbelsäule ist für Patienten nicht immer einfach. In diesem Bereich können ebenfalls ausstrahlende Schmerzen auftreten und die selbständige Diagnose einer Schmerzursache erschweren.

Um eine klare Ursache für auftretende Schmerzen feststellen zu können, ist es daher wichtig, einen qualifizierten Facharzt aufzusuchen. Dieser kann Ursachen der Schmerzentstehung abklären und eine Diagnose stellen. Dadurch kann eine passende Therapie verordnet werden, die auf die jeweilige Problematik abgestimmt ist.

Ursachen und Diagnosen

Rückenschmerzen sind keine Krankheit, sondern vielmehr ein Symptom zugrundeliegender Abnormitäten oder Krankheiten, und sie können durch unterschiedlichste Auslöser entstehen. Die folgende Abbildung zeigt diverse Einflussfaktoren für die Entstehung und das Anhalten diverser Schmerzsymptomatiken beziehungsweise Rücken- und Nackenschmerzen.

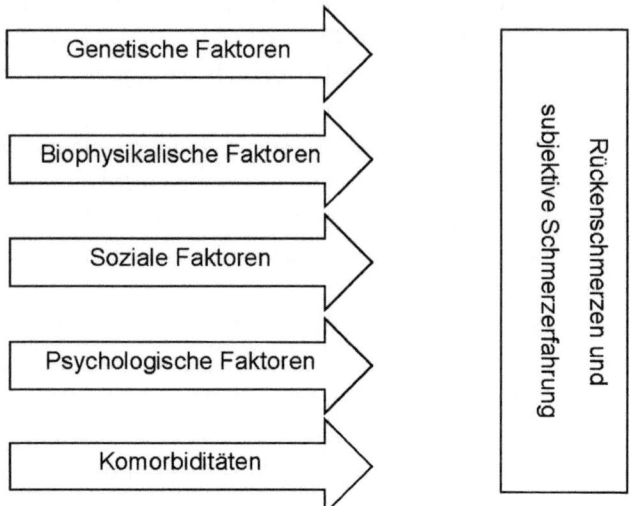

Genetische Faktoren beschreiben erbliche und angeborene Merkmale, die zu Rückenschmerzen führen können, während sich *biophysikalische Faktoren* mit der Erklärung von Symptomen durch physikalische Gesetze beschäftigen. *Soziale* und *psychologische Faktoren* beschreiben den Einfluss von sozialen Ressourcen und selbstwirksamen, psychologischen Bewältigungsmechanismen, während der Begriff Komorbidität für den Zusammenhang von Rückenschmerzen und weiteren Erkrankungen steht.

Im Folgenden sollen einige ausgewählte Ursachen beziehungsweise Diagnosen von Rückenschmerzen kurz aufgezählt werden:

- *Muskelverspannungen* zählen zu den häufigsten Ursachen für Rückenschmerzen und können durch abgestimmte Therapien sehr gut behandelt werden.
- *Fibromyalgie* bedeutet wörtlich übersetzt „Faser-Muskel-Schmerz" und ist ein Zusammentreffen mehrerer unterschiedlicher Beschwerden. Sie dauern in der Regel über einen längeren Zeit-

raum an, und das hauptsächliche Ziel von Behandlungen ist die Linderung der Beschwerden, vorwiegend durch körperliche Aktivität in Kombination mit Schulungen.

- Unter dem Überbegriff *Bandscheibenschäden* werden unterschiedliche Beschwerden der Bandscheiben zusammengefasst. Hierbei wird zwischen einer Bandscheibenvorwölbung (Protrusio), einem Bandscheibenvorfall (Prolaps) und einer vor allem alters- und belastungsbedingten Bandscheibendegeneration (Chondrose) unterschieden.
- *Wirbelkörperfrakturen* bezeichnen Knochenbrüche im Bereich der Wirbelsäule und können durch Traumata oder infolge geminderter Knochensubstanz (Osteoporose) auftreten.
- *Wirbelgleiten* (Spondylolisthesis) beschreibt das Verschieben einzelner Wirbelkörper. Es kann sowohl angeboren sein als auch durch Abnutzungen oder Traumata entstehen und hat infolge der Verschiebung ganzer Wirbelkörper und der damit einhergehenden Einengung des Wirbelkanals in einigen Fällen eine Spinalkanalstenose zur Folge.
- Die *Spinalkanalstenose* beschreibt eine Einengung des Wirbelkanals und bewirkt ausstrahlende Schmerzen in die Extremitäten, Gefühlsstörungen, Gangstörungen oder Einschränkungen der Feinmotorik.
- *Angeborene Verformungen* der Wirbelsäule können Skoliosen, also unnatürlich seitliche Krümmungen des Rückens sowie Hyperkyphosen (Buckel) oder Hyperlordosen (Hohlkreuz) sein, welche zu vermehrten Abnutzungserscheinungen, Muskelverspannungen und somit zu Schmerzen im Rücken führen. All diesen Verformungen kann durch gezielte körperliche Aktivität und Muskelaufbau in den meisten Fällen sehr gut entgegengewirkt werden.
- Das *Facettensysndrom*, auch Wirbelgelenkarthrose genannt, ist eine Erkrankung der Gelenke zwischen den Wirbeln seitlich der Dornfortsätze und gehört zu den degenerativen, also abnutzungsbedingten Erkrankungen. Häufig tritt es in Kombination mit weiteren degenerativen Erkrankungen der Wirbelsäule auf.

- Probleme der *Wirbelendplatte*, auch *Cauda-equina-Syndrom* genannt, sind eine Kombination neurologischer Ausfallsstörungen, die aufgrund einer Quetschung der cauda equina entstehen und sich in Form von Gefühlsstörungen, motorischen Ausfällen und ausstrahlenden Schmerzen sowie in schwereren Fällen durch Inkontinenz und Impotenz bemerkbar machen.
- *Axiale Spondyloarthritis* ist ein Sammelbegriff für eine Reihe an chronischen Autoimmunerkrankungen, die sich in Form von Entzündungen äußern.

Komorbidität

In sehr seltenen Fällen kommt es vor, dass Rückenschmerzen als Begleiterkrankung, eine sogenannte Komorbidität, infolge der Erkrankung anderer Organe auftreten. Dies trifft jedoch nur auf etwa zwei Prozent der von Rückenschmerzen betroffenen Personen zu.

Mögliche Ursachen dafür können unter anderem Erkrankungen und Entzündungen der Bauchorgane, krankhafte Gefäßveränderungen, Erkrankungen der inneren Geschlechtsorgane (Prostata und Eierstöcke), Nierenerkrankungen, Rheuma oder andere Entzündungen, Nerven- oder Tumorerkrankungen sein.

Schmerzen im Alltag

Vorübergehende oder dauerhafte Schmerzzustände können für betroffene Personen eine schwere Belastung darstellen und den gewohnten Tagesablauf negativ beeinflussen. Ohne entsprechende Schmerztherapie geraten Patienten sehr leicht in einen Kreislauf aus negativen Gedanken und Hoffnungslosigkeit, was wiederum einen negativen Einfluss auf das tägliche Leben und soziale Kontakte hat.

Menschen, die von starken Schmerzen betroffen sind, ziehen sich oft sozial zurück. Wer in seiner Mobilität eingeschränkt ist oder nicht schmerzfrei sitzen kann, versucht, diese Situationen so oft wie möglich zu vermeiden. Das Haus wird nur noch selten verlassen, Betroffene verzichten dadurch vermehrt auf Hobbys und soziale Kontakte.

Viele Schmerzpatienten berichten von Schlafstörungen und vermindertem Appetit, wodurch sie weniger essen, was wiederum zu Müdigkeit und Schwäche führt.

Große Schmerzen führen oft dazu, dass Patienten ihren gelernten Beruf nicht mehr wie gewohnt ausführen können und infolgedessen ihren Arbeitsplatz verlieren. Das führt in einigen Fällen wiederum zu Scham und Rückzug und wirkt sich zusätzlich negativ auf die Schmerzsymptomatik aus.

Ebenso können Schmerzpatienten einem hohen und belastenden Rechtfertigungsdruck ausgesetzt sein, da sie diverse Tätigkeiten nicht mehr ausführen können. Schmerzen sind jedoch immer subjektiv und können von außenstehenden Personen nicht wahrgenommen werden. Sie sind daher auch nicht immer nachvollziehbar.

Lassen Therapieerfolge zu lange auf sich warten, führt das oft zu Hoffnungslosigkeit bis hin zu psychischen Folgeerkrankungen, und Betroffene verlieren die Freude am Leben.

Um diesen Kreislauf von Schmerzen, sozialem Rückzug und negativen Gedanken zu unterbrechen, ist es wichtig, aktiv dagegen vorzugehen. Tipps, wie das gelingen kann, und Empfehlungen für eine aktive und schmerzvorbeugende Alltagsgestaltung finden Sie im Praxisteil dieses Buches.

Ebenso ist es wichtig, den behandelnden Arzt über Schmerzen zu informieren und ihn darauf aufmerksam zu machen, falls die absolvierte Schmerztherapie nicht ausreichend war oder unzureichenden Behandlungserfolg zeigt. Eine Anpassung der Therapie kann in diesem Fall erforderlich sein.

Vielen Patienten hilft es, ein Schmerztagebuch zu führen, um den Verlauf der Erkrankung und die Wirksamkeit der Therapie richtig einzuschätzen sowie mit anderen Betroffenen über ähnliche Probleme und persönliche Erfahrungen und Empfehlungen zu sprechen. Eine Selbsthilfegruppe für Rückenschmerz-Patienten bietet eine optimale Gelegenheit dazu.

Da Gedanken und mentale Prozesse einen Einfluss auf das Schmerzempfinden haben, ist es oft hilfreich, sich durch Hobbys, Gespräche oder andere Aktivitäten von den Schmerzen abzulenken. Zu viel Schonung und die Konzentration auf den Schmerz können diesen noch zusätzlich intensivieren.

Ein Engagement in persönlich relevanten Bereichen (Kirche, Kurse, Verein, etc.) kann die Lebensfreude steigern und Betroffene vor sozialer Isolation und Vereinsamung schützen.

Sport, angepasste körperliche Aktivität oder unterschiedliche Achtsamkeits- und Entspannungsübungen können das Vertrauen in den eigenen Körper wiederherstellen und dadurch zu einer Erhöhung der Lebensqualität beitragen.

Treten Rücken- und Nackenschmerzen nach einem Unfall oder in Kombination mit Gefühlsstörungen, Lähmungserscheinungen, Fieber, ungeklärtem Gewichtsverlust oder motorischen Ausfällen auf, oder zeigt sich bei ungeklärter Ursache über einen längeren Zeitraum keine Verbesserung, muss unbedingt ein Arzt aufgesucht werden.

RISIKOFAKTOREN FÜR RÜCKENSCHMERZEN

Unterschiedliche Faktoren spielen für die Entstehung, das Anhalten oder für die Verstetigung von Rückenschmerzen eine Rolle. So können Schmerzen durch angeborene oder erworbene interne, also in der Person selbst liegende Faktoren, sowie durch externe Einflüsse in ihrer Erscheinungsform und deren Schwere stark beeinflusst werden. Die folgenden Kapitel beschäftigen sich mit dem Einfluss dieser Risikofaktoren auf Rückenschmerzen, aufgeteilt in biologische beziehungsweise körperliche Faktoren, den individuellen Lebensstil sowie soziale und psychologische Einflüsse.

Einfluss biologischer Faktoren

Angeborene Fehlstellungen der Wirbelsäule, wie Skoliosen, Hyperkyphosen und Hyperlordosen, haben einen deutlich negativen Einfluss auf die Prognose von Rückenschmerzen. Sie führen zu einer dauerhaften, möglicherweise auch nur minimalen Fehlbelastung der Wirbelsäule und damit zu frühzeitigen Abnutzungen und einseitigen Belastungen.

Bei der *Skoliose* handelt es sich um eine seitliche Verkrümmung der Wirbelsäule, teilweise in Kombination mit einer Verdrehung einzelner Wirbelkörper, die in unterschiedlichen Schweregraden auftreten kann. Bei den meisten Skoliosen ist die Ursache unbekannt, sie sind in einigen Fällen angeboren, bei einigen Personen können sie jedoch durch Muskel- oder Nervenerkrankungen ausgelöst werden. Leichte Skoliosen können normalerweise durch Physiotherapie und Muskelaufbau kontrolliert werden, sodass sie Betroffenen kaum bis keine Beschwerden bereiten. Schwere Skoliosen können zu starken Muskelverspannungen und degenerativen Veränderungen der Wirbelsäule führen, bis hin zu einer Beeinträchtigung innerer Organe, und müssen in einigen Fällen operativ behandelt werden. Werden Skoliosen bereits im Kindesalter erkannt, kann durch einen frühzeitigen Therapiebeginn einer negativen Entwicklung therapeutisch entgegengewirkt werden.

Treten Kyphose und Lordose, also die natürlichen Krümmungen der Wirbelsäule nach vorne oder hinten, in einem zu hohen oder zu geringen Ausmaß auf, kann das ebenfalls zu Schmerzen führen sowie in weiterer Folge zu Bandscheibenvorfällen und neurologischen Beschwerden bis hin zu einer Beeinträchtigung von Herz und Lunge. *Hyperkyphose*, *Hyperlordose* und der sogenannte *Flachrücken* (Hypokyphose, Hypolordose) können wie die Skoliose angeboren sein oder durch Verletzungen, Erkrankungen und Fehlbelastungen erworben werden. Um diese externen Ursachen zu vermeiden, ist eine ergonomische Haushalts- und Arbeitsplatzgestaltung von besonderer Bedeutung. Möbel sollten so gewählt und eingestellt werden, dass der Rücken seine natürliche Position behält, und es sollten im Laufe des Tages vermehrt kurze gymnastische Bewegungsphasen durchgeführt werden. Sport und gezielter Muskelaufbau der Bauch- und Rückenmuskulatur wirken sich ebenfalls positiv auf die Körperhaltung aus und entlasten dadurch die Wirbelsäule.

Neben den genannten Fehlstellungen gibt es noch einige weitere biologische Einflussfaktoren, die das Auftreten von Rückenschmerzen begünstigen. Menschen, die bereits einmal Probleme mit dem Rücken hatten, haben eine höhere Wahrscheinlichkeit, wieder eine Phase von Rückenproblemen zu erleiden, als jene, die noch nie Schmerzen im Bereich der Wirbelsäule empfunden haben. Daher ist es wichtig, bereits vor dem ersten Auftreten von Rückenschmerzen präventiv etwas zu unternehmen und die erste Schmerzphase so lange wie möglich hinauszuzögern.

Zudem begünstigen andere chronische Krankheitsbilder, wie wiederkehrende Kopfschmerzen, Asthma, Diabetes oder psychische Erkrankungen das Auftreten und die Chronifizierung von Rückenschmerzen. Daher sollte in allen Bereichen des Lebens die Gesundheit in den Vordergrund gestellt werden und durch gesunde Ernährung, körperliche Aktivität und andere Programme (Kurse, Seminare, Entspannungsübungen) täglich gefördert werden.

Einfluss von Lifestyle-Faktoren

Die allgemeine Gesundheit und die Art und Weise, wie man sein Leben führt, gehen oft Hand in Hand. Rauchen, Übergewicht, ungesunde Ernährung und ein Mangel an körperlicher Aktivität sind dafür bekannt, einen negativen Einfluss auf Wohlbefinden, psychische und körperliche Gesundheit zu haben. Sie stehen ebenfalls in einem deutlichen Zusammenhang mit dem Auftreten, der Erhaltung und Chronifizierung von Rücken- und Nackenschmerzen. Übergewichtige Personen, Raucher und jene Menschen, die sich nicht genügend bewegen, entwickeln deutlich häufiger Rückenschmerzen als jene, die auf einen gesunden Lebensstil achten. Die Phasen, in denen sie Rückenschmerzen empfinden, sind deutlich länger und führen bis hin zu einer Chronifizierung unterschiedlicher Schmerzsymptomatiken. Menschen mit gesundem Lebensstil sprechen auf unterschiedliche Therapien in den meisten Fällen deutlich schneller und dauerhafter an.

Bandscheiben verlieren im Laufe des Tages Flüssigkeit, die sie über Nacht beziehungsweise in Ruhephasen wie ein Schwamm wieder in sich aufnehmen. Diese aufgenommene Flüssigkeit sollte möglichst viele gute Inhaltsstoffe enthalten, um dem Gewebe alle notwendigen Nährstoffe für eine gesunde Entwicklung bereitzustellen. Eine gesunde, ausgewogene und abwechslungsreiche Ernährung ist hierzu unumgänglich.

Einfluss sozialer Faktoren

Menschen mit Rückenschmerzen erleben oftmals negative Auswirkungen ihrer Schmerzen auf den persönlichen, wirtschaftlichen sowie auf den sozialen Bereich, da sie erwarteten traditionellen Rollen in der Gesellschaft nicht mehr gerecht werden können. Viele Betroffene akzeptieren diese Folgen widerstandslos und passen ihre Erwartungen den neuen Umständen an, während andere alles versuchen, um diese sozialen und wirtschaftlichen Konsequenzen zu verhindern.

Rückenschmerzen können den Arbeitsalltag maßgeblich beeinflussen. Vor allem körperlich anstrengende Berufe, aber auch Berufe, bei denen lange Sitz- oder Stehphasen vorgesehen sind, können aufgrund von Schmerzen nicht mehr wie gewohnt ausgeübt werden. Es kommt zu einem Missverhältnis von körperlicher Leistungsfähigkeit und Arbeitsanforderungen. Der Arbeitsalltag wird angepasst, und die Zufriedenheit mit der Arbeit sinkt. Ebenso kann es zu einer Ungleichbehandlung gegenüber Arbeitskollegen kommen, was sich wiederum negativ auf Arbeitsklima und soziale Kontakte auswirkt oder andererseits einen Verlust des Arbeitsplatzes zur Folge haben kann. Vor allem Berufe, in denen schwere körperliche Arbeit oder einseitige körperliche Belastungen verlangt werden, kommen für Betroffene von Rückenschmerzen nicht mehr infrage. Es kommt zu einem Arbeitsplatzverlust und dem Rückzug aus dem gewohnten sozialen Umfeld.

Bereits der Gedanke an den möglichen Verlust des Arbeitsplatzes führt bei vielen Betroffenen zu Angst und auch Sorge vor sozialem Rückzug und finanziellen Problemen. Durch rechtzeitig stattfindende Ausbildungsprogramme, Kurse und Umschulungen können einigen Betroffenen diese Sorgen zumindest teilweise genommen werden, und der Fokus kann vermehrt auf gesundheitsfördernde sowie rehabilitative Maßnahmen zur Schmerzbekämpfung gelegt werden.

Ein besonders wichtiger Punkt für Rückenschmerzpatienten ist das Wahren sozialer Kontakte. Diese bieten eine willkommene Ablenkung von den Schmerzen und schaffen wichtige seelische

Ressourcen, um mit der persönlichen Situation besser umgehen zu können. Einige Betroffene bevorzugen den Kontakt mit Freunden und Familie, andere besuchen rückenspezifische Gesundheitsprogramme oder diverse Selbsthilfegruppen, um dort mit anderen Betroffenen über ihre Erfahrungen zu sprechen und sich gegenseitig Tipps zum praxisbezogenen Umgang mit Rückenschmerzen zu geben. Ebenfalls hat sich gezeigt, dass die Pflege von sozialen Kontakten einen schmerzreduzierenden Einfluss hat.

Einfluss psychischer Faktoren

Neben den bereits angesprochenen Faktoren spielen Stress, psychische Probleme und negative Gedanken eine Rolle bei Rückenschmerzen. Ein Wechselspiel aus Verhaltensweisen, biologischen Prozessen und Gefühlen kann zur Aufrechterhaltung von Schmerzen beitragen. Daher ist es besonders wichtig, ein individuell passendes Gleichgewicht zwischen Schonung und Aktivität zu finden sowie ein achtsames Körperbewusstsein zu entwickeln, in dem die aktuelle Situation akzeptiert und entsprechend wirkungsvoll gehandelt wird. So kann es zum Beispiel helfen, unterschiedliche Angewohnheiten der aktuellen Situation anzupassen, um die Aufmerksamkeit zumindest vorübergehend vom Schmerz wegzulenken. Eine dauerhafte Unterdrückung und mangelnde Beachtung von Schmerzen ist allerdings nicht empfehlenswert und kann dazu führen, dass keine entsprechenden oder nicht ausreichend Therapien durchgeführt werden und der Schmerz dadurch chronisch wird. Daher ist es wichtig, den Rückenschmerz ausdrücken zu können und entsprechende Therapien wahrzunehmen, jedoch ohne den Schmerz zum Lebensmittelpunkt und Hauptfokus der Aufmerksamkeit zu machen. Es soll also eine objektive Sichtweise der Rückenschmerzen erreicht werden, die ein optimales Gleichgewicht zwischen Beachtung und Unterdrückung von Schmerzsymptomatiken zum Ziel hat. Diese innere Einstellung und offene

Annahme diverser Gesundheitsmaßnahmen hat ebenfalls einen positiven Einfluss auf die Wirksamkeit unterschiedlicher Therapien. Leider treten in Zusammenhang mit Rückenschmerzen jedoch sehr oft Angst, Depression und psychologisches „Katastrophisieren" auf. Betroffene empfinden die Situation schlimmer, als sie tatsächlich ist und unterschätzen dabei ihre Fähigkeit, aktiv etwas gegen den Schmerz zu unternehmen. Es werden immer mehr Aktivitäten vermieden, und die Einschränkung des täglichen Lebens nimmt kontinuierlich zu.

Eine große Sorge von Menschen mit Rücken- und Nackenschmerzen ist, dass sie in ihrer Aktivität und Teilhabe durch eine reduzierte Funktionalität ihres Körpers eingeschränkt sind und somit Haushalt oder Freizeit nicht mehr wie gewohnt gestalten können. Sie haben Angst, keinen ausreichenden Zugang zu passenden Gesundheitsprogrammen zu bekommen oder durch mangelhafte Unterstützung von Freunden, Familie und dem Bekanntenkreis einen sozialen Rückzug erleiden zu müssen.

Es kann zu einer wachsenden Unzufriedenheit durch die Diskrepanz zwischen dem aktuellen und dem erwünschten gesundheitlichen Zustand kommen, und diese persönliche Unzufriedenheit kann bis zur Depression oder zu Suizidgedanken führen.

Eine der wichtigsten Ressourcen für Wohlbefinden und innere Zufriedenheit stellt in den meisten Fällen die Familie dar. Deshalb liegt der Fokus psychologischer Therapien oftmals auf einer Stärkung dieser Ressource und der Bewältigung von familiären Problemen.

Die Psychologie kann bei den genannten Problemen Hilfestellungen in Form von Entspannungsmethoden, Einzel- und Gruppentherapien, Hilfen zur Stress- und Schmerzbewältigung sowie durch Beratung bei familiären und beruflichen Belastungen bieten. Dadurch können zumindest einige Arten von Rückenschmerzen positiv beeinflusst werden.

DAS BIO-PSYCHO-SOZIALE MODELL

Aufgrund vieler unterschiedlicher Einflussfaktoren aus dem biologischen, psychologischen und sozialen Bereich, die sowohl positive als auch negative Auswirkungen auf Schmerzen haben können, ist ein umfassendes bio-psycho-soziales Modell zur Erklärung und Behandlung von Rücken- und Nackenschmerzen wichtig. Die moderne Medizin geht davon aus, dass die meisten Krankheiten nicht durch einen einzigen Auslöser, sondern meistens durch ein unterschiedliches Ausmaß an biologischen, psychologischen und sozialen Faktoren entstehen und dass andererseits bestehende Krankheiten unterschiedliche körperliche, seelische und gesellschaftliche Folgen nach sich ziehen. Diese moderne Sichtweise legt die Vermutung nahe, dass zur Behandlung von vielen Krankheiten und Beschwerden, darunter auch Nacken- und Rückenschmerzen, eine multiprofessionelle Behandlung zu empfehlen ist, in der umfassend auf biologische, psychologische, soziale und gesellschaftliche Faktoren eingegangen wird.

Krankheit und Gesundheit sind im bio-psycho-sozialen Modell nicht als ein Zustand zu verstehen, sondern als Endpunkte auf einem ständig veränderbaren, dynamischen Kontinuum. Schmerzfreiheit ist also ein anzustrebendes Ziel, das allerdings keinesfalls dauerhaft ist, sondern für dessen Erreichen und Beibehalten täglich etwas getan werden muss.

Durch biologische Voraussetzungen kann die Entstehung von Rückenschmerzen begünstigt werden. Die Kombination von speziellen Lebensereignissen und einem belastenden sozialen oder emotionalen Umfeld führt zum Empfinden von Überlastung, und körperliche Beschwerden wie Muskelverspannungen entstehen. Besonders Nackenschmerzen und Kopfschmerzen werden häufig durch Überforderung und Stress ausgelöst. Durch diese Schmerzen kommt es zu einer Einschränkung der körperlichen Funktionsfähigkeit und infolgedessen zu Müdigkeit und körperlicher sowie emotionaler Erschöpfung, welche wiederum zu Schonung, sozialem Rückzug und in einigen Fällen zu Depressionen und negativen Gefühlen führen. Durch diesen Rückzug aus dem gewohnten Alltag wird die Schmerzsymptomatik zusätzlich verstärkt, und Betroffene machen sich große Sorgen um ihre Gesundheit. Sie empfinden eine starke innere Unruhe und Niedergeschlagenheit. Infolgedessen kommt es wieder zu Überforderungen im alltäglichen Leben und zu Stress, und der Teufelskreis verstärkt sich kontinuierlich, bis Nacken- und Rückenschmerzen chronisch werden.

Daher ist es wichtig, in allen genannten Bereichen rechtzeitig Verbesserungen anzustreben und sowohl im biologischen als auch im psychischen, sozialen und gesellschaftlichen Bereich entsprechende Therapieangebote wahrzunehmen.

Die folgende Abbildung soll diesen Schmerzkreislauf bildlich veranschaulichen.

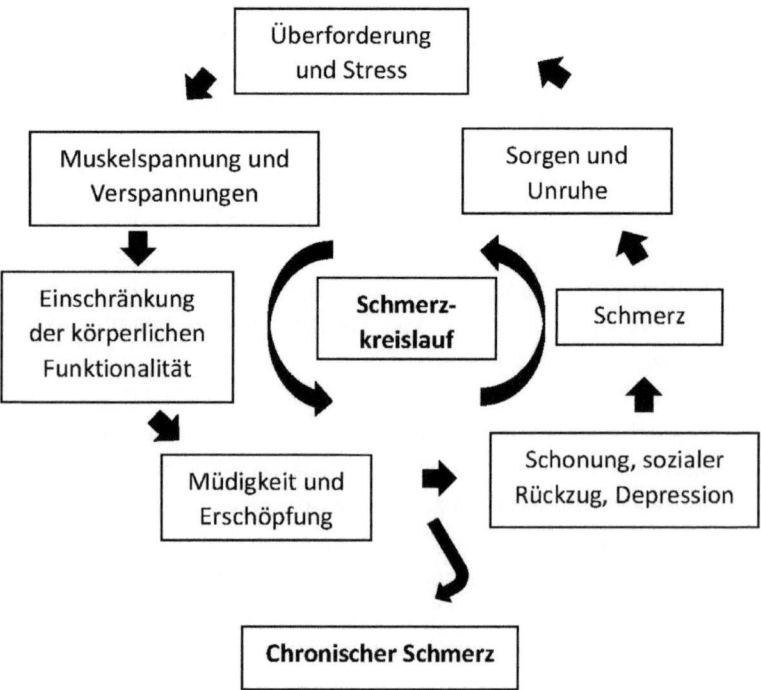

RESSOURCEN DER GESUNDHEITSFÖRDERUNG

Während bis vor einiger Zeit eine nahezu ausschließlich krankheitsorientierte Medizin praktiziert wurde, in der bereits vorhandene Symptome bekämpft wurden, wenden sich die heutigen Ansichten immer mehr einer ressourcenstärkenden, präventiven Gesundheitsmedizin zur Aufrechterhaltung von Beschwerdefreiheit und Wohlbefinden zu. Die moderne Medizin soll Menschen gesund halten und vor dem Auftreten einer Krankheit schützen. Sollten dennoch Beschwerden auftreten, können die gestärkten inneren und äußeren Ressourcen Betroffener den Heilungsverlauf positiv beeinflussen.

Äußere Ressourcen sind unterschiedliche soziale, ökonomische, wirtschaftliche und gesellschaftliche Umgebungsbedingungen, die als stärkende Quellen genutzt werden können. So gelten zum Beispiel ein gesicherter Arbeitsplatz, ein stabiles soziales Netzwerk, gesicherte Lebensbedingungen und der Zugang zu gesundheitlicher Grundversorgung als gewinnbringende äußere Ressourcen.

Zu den inneren Ressourcen können ein gutes Immunsystem, gesunde Ernährung sowie Zeit für Entspannung und regelmäßige Regenerationsmöglichkeiten zählen. Außerdem wirken sich moderate körperliche Aktivität und gesunde Schlafgewohnheiten positiv auf das Wohlbefinden eines Menschen aus und stärken ebenfalls interne gesundheitsfördernde Ressourcen.

Haben Betroffene von Rückenschmerzen das Gefühl, aktiv etwas gegen ihre Beschwerden unternehmen zu können, da sie über die dafür notwendigen Fähigkeiten und Mittel verfügen, wirkt sich das ebenfalls positiv auf die Wahrnehmung von Schmerzen aus.

Zur Prävention von Rücken- und Nackenproblemen ist es also von großer Bedeutung, sowohl innere als auch äußere Potenziale zu stärken. Damit kann man einerseits das Auftreten von Schmerzsymptomatiken bestmöglich verhindern und andererseits bei bereits vorhandenen Beschwerden über die notwendigen Fähigkeiten und Mittel verfügen, um rehabilitativ dagegen vorzugehen.

In den folgenden Kapiteln wird sowohl auf präventive als auch rehabilitative Ressourcen und Maßnahmen zur Bekämpfung von Rücken- und Nackenschmerzen eingegangen.

PRÄVENTION

Unter Prävention versteht man vorbeugende Maßnahmen zur Bekämpfung von Krankheiten und Beschwerden. Es wird zwischen primärer, sekundärer und tertiärer Prävention unterschieden, wobei die Grenzen nicht streng gesetzt sind und sich die Bereiche teilweise überschneiden.

Primäre Prävention hat zum Ziel, das Auftreten einer Krankheit zu vermeiden und somit Rücken- und Nackenschmerzen entgegenzuwirken, bevor sie sich bemerkbar machen.

Sekundäre Prävention beschäftigt sich mit einem möglichst frühzeitigen Erkennen und Diagnostizieren von Beschwerden, um einen schnellstmöglichen und wirkungsvollen Behandlungsbeginn zu garantieren. Sie hat das Ziel, negative Folgen, die durch einen zu späten Behandlungsbeginn auftreten, zu reduzieren.

Tertiäre Prävention beschäftigt sich damit, ein erneutes Auftreten von Schmerzen sowie Rückfälle und Chronifizierungen von Nacken- und Rückenschmerzen zu vermeiden.

Das gemeinsame Ziel aller präventiven Maßnahmen zur Gesundheitsförderung ist die Vermeidung von Krankheiten, Beschwerden und Einschränkungen sowie deren Folgen als auch eine damit verbundene Steigerung von Zufriedenheit, Wohlbefinden und Lebensqualität. Die folgenden Kapitel beschäftigen sich ausschließlich mit Verhaltensprävention, also mit jenen präventiven Maßnahmen, die Betroffene selbst ergreifen können.

Richtlinien für präventive Maßnahmen richten ihren Fokus auf körperliche, psychosoziale und komplementärmedizinische Verfahren und weniger auf Operationen und Medikamente. Die größte präventive Wirkung zur Vorbeugung und Bekämpfung von Rückenschmerzen wird derzeit in einer Kombination aus körperlicher Aktivität und Wissensvermittlung vermutet.

Ergonomie zur Gesundheitsförderung

Schäden an der Wirbelsäule entstehen vor allem durch einseitige, monotone und übermäßige Belastungen, welche zu Schmerzen und Bewegungseinschränkungen führen. Daher ist es wichtig, auf einen abwechslungsreichen Bewegungsalltag zu achten, um den Rücken gesund zu halten.

Beim richtigen *Stehen* sollten Kopf, Schulter, Hüfte und Knie bei seitlicher Betrachtung eine senkrechte Linie ergeben und beide Beine gleichmäßig belastet werden. Nur so kann die Wirbelsäule ihre natürliche, gesunde Position erhalten. Die Knie sind minimal gebeugt, Bauch und Gesäß leicht angespannt, sodass das Becken in einer guten Ausgangsposition ist, und kein Hohlkreuz oder Rundrücken entsteht. Der Brustkorb ist aufgerichtet, die Schultern sind leicht zurückgezogen und der Nacken bleibt gerade, sodass der Kopf nicht nach vorne geschoben wird.

Die folgenden Abbildungen veranschaulichen die richtige Position im Stehen.

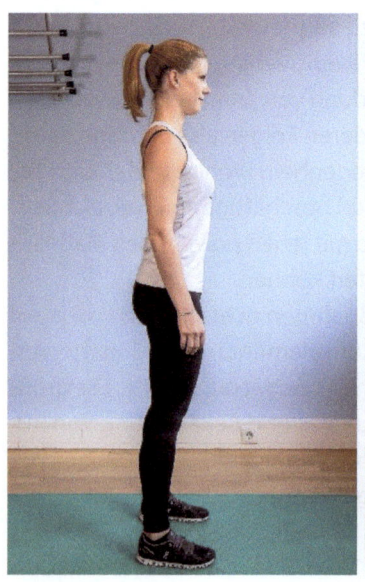 

Beim *Sitzen* auf einem passenden Sessel sollten die Füße problemlos den Boden erreichen, sodass im Hüftgelenk und im Kniegelenk ein Winkel von jeweils etwa 90 Grad (oder etwas mehr) erreicht wird. Es sollte ein ständiger Wechsel zwischen dynamischem und unterstütztem Sitzen erfolgen. Beim dynamischen Sitzen ist der Oberkörper aufrecht, der Rücken berührt die Lehne nicht. So werden Becken und Wirbelsäule von der Rumpfmuskulatur in einer aufrechten Position gehalten. Das funktioniert besonders gut durch Hilfsmittel wie Gymnastikball, Sitzkissen oder Sitzkeil. Beim unterstützten Sitzen berührt der Rücken die Lehne, sodass diese die Wirbelsäule stützt. Im Optimalfall besitzt der Sessel eine Lendenstütze, welche die Form der Lendenlordose nachahmt. Längere Sitzphasen sollten regelmäßig durch kurze Steh- oder Bewegungsphasen unterbrochen werden.

Beim *Liegen* ist es wichtig, dass die Wirbelsäule ihre natürliche Position behält. Sowohl in Rücken-, als auch in Bauch- und Seitenlage sollten die normale Lordose und Kyphose aufrechterhalten werden sowie keine seitliche Krümmung auftreten. Polster und Matratze sollten so gewählt werden, dass die natürliche Wirbelsäulenform unterstützt wird. Optimale Matratzen oder Polster gibt es nicht, sie müssen immer individuell für die jeweilige Person passend sein. Die Rückenlage ist die schonendste Position. Durch eine leichte Erhöhung der Beine, sodass Hüfte und Knie leicht gebeugt sind, kann speziell die Lendenwirbelsäule zusätzlich entlastet werden. Die Bauchlage ist die ungünstigste Liegeposition, da hier der Kopf ständig zur Seite gedreht ist, und sollte daher über längere Zeitspannen vermieden werden.

Das richtige *Heben* erfolgt immer durch Einbeziehung von Hüfte, Knie- und Sprunggelenken. Durch eine Beugung des gesamten Beins wird der Körperschwerpunkt gesenkt, sodass Dinge vom Boden aufgehoben werden können. Der Rücken bleibt dabei gerade und hat eine ausschließlich stabilisierende Funktion, in der die natürliche Wirbelsäulenform durch Anspannung von Rücken-, Bauch- und Gesäßmuskulatur erhalten bleibt. Das Bücken mit gestreckten Beinen und gekrümmtem Rücken sollte streng vermieden werden.

Die folgenden Abbildungen veranschaulichen die richtige Position beim Heben.

Beim *Tragen* von schweren Lasten empfiehlt es sich, diese mit einem sicheren Griff beider Hände vor dem Körper zu fassen. Dadurch wird eine ungesunde seitliche Krümmung der Wirbelsäule, die beim einseitigen Tragen von Lasten mit einer Hand auftritt, vermieden. Ebenfalls sollte darauf geachtet werden, dass der Rücken nicht nach hinten durchgebogen wird, sondern aufrecht bleibt und es zu keiner Verdrehung der Wirbelsäule kommt. Beim Drehen muss immer der gesamte Bewegungsapparat einbezogen werden und eine Drehung des gesamten Körpers erfolgen. Beim Tragen schwerer Gewichte können Transporthilfen, wie zum Beispiel eine fahrbare Einkaufstasche, eingesetzt oder Lasten aufgeteilt werden. Es ist besser, zweimal zu gehen, als zu große Mengen auf einmal zu tragen.

Durch *Sport* wird die Muskulatur gekräftigt und die Beweglichkeit gefördert. Für Patienten mit Rücken- und Nackenschmerzen ist jedoch nicht jede Sportart geeignet. Sollten während oder nach speziellen sportlichen Betätigungen Schmerzen auftreten, sind diese Aktivitäten zu vermeiden oder mit einem Arzt abzuklären. Wirbelsäulenschonende Sportarten sind vor allem jene mit einem gleichmäßigen Bewegungsablauf, wie zum Beispiel technisch richtiges Schwimmen, Walken, Radfahren, Langlaufen oder Wandern. Ebenso hat ein gezielter und moderater Muskelaufbau durch Krafttraining positive Auswirkungen auf Rücken- und Nackenschmerzen. Wichtig dabei ist auf jeden Fall eine geeignete Ausrüstung (passende Schuhe, geeignetes Fahrrad, etc.). Ungünstig sind in den meisten Fällen Sportarten mit schnellen, schwungvollen oder abrupt abstoppenden Bewegungen.

Für Menschen, die vorwiegend im Sitzen arbeiten, kann ein bewegtes *Hobby* den idealen Ausgleich schaffen.

Voraussetzung für das ergonomisch gesunde Ausüben diverser Tätigkeiten ist in allen Fällen eine gut ausgebildete *Rumpfmuskulatur* zur Stabilisierung von Gelenken und Wirbelsäule.

Rückenschule am Arbeitsplatz zur Gesundheitsförderung

Rückenschmerzen gehören zu den häufigsten Gründen für Krankenstand und Frühpensionierung. Das hat nicht nur für betroffene Patienten, sondern auch für deren Dienstgeber Nachteile. Programme, die dem Ziel der Gesunderhaltung von Mitarbeitern dienen, haben also für beide Seiten positive Auswirkungen und sollten daher für alle Betriebe erstrebenswert sein. Einige Arbeitgeber haben dieses Konzept bereits in ihren Betrieb integriert und unternehmen aktiv etwas für die Gesundheit ihrer Mitarbeiter, jedoch ist die praktische Umsetzung derzeit in den meisten Unternehmen noch mangelhaft. Eine Ausweitung in Richtung eines flächendeckenden und umfassenden Gesundheitsangebotes in den Betrieben wäre erstrebenswert.

Ein umfassendes Gesundheitskonzept zur Prävention von Rücken- und Nackenbeschwerden sollte mehrere Aspekte beinhalten, darunter: körperliche Aktivität zur Kräftigung der Muskulatur, Training von Entspannungsverfahren zur Stressbewältigung, Wissensvermittlung zur ergonomischen Arbeitsplatzgestaltung, Hilfestellungen zur Erhaltung eines aktiven Lebensstils sowie Programme zur Verbesserung der Beweglichkeit. Diese Bereiche der Gesundheitsförderung sollten sowohl in Theorie als auch Praxis Anwendung finden und können zum Beispiel in Zusammenarbeit mit Krankenanstalten, Fitness- oder Rehabilitationseinrichtungen erfolgen. Ebenso können Betriebsärzte zielgruppenspezifische Programme für die Förderung der Rückengesundheit entwickeln.

Ernährung in Zusammenhang mit Schmerzentwicklung

Es gibt keine Ernährungsempfehlungen speziell für Betroffene von Rücken- und Nackenschmerzen, jedoch kann durch eine ausgewogene, abwechslungsreiche und gesunde Ernährung ein zusätzlicher Schritt zu Prävention und Rehabilitation von Wirbelsäulenproblemen unternommen werden.

Empfehlungen für eine gesunde Ernährung bietet die bekannte Ernährungspyramide, die nachfolgend dargestellt ist.

Auf der untersten Ebene befinden sich alkoholfreie Getränke, die für eine ausreichende Flüssigkeitsversorgung des Körpers notwendig sind. Optimalerweise werden über den Tag verteilt mindestens eineinhalb Liter Wasser oder andere zuckerfreie Getränke getrunken.

Darüber befinden sich Obst, Gemüse und Hülsenfrüchte, die täglich in ausreichenden Mengen konsumiert werden sollten. Sie enthalten wichtige Vitamine, Mineralstoffe, Spurenelemente sowie sekundäre Pflanzenstoffe und sind meist kalorien- und fettarm. Bunte, vorzugsweise saisonale und regionale Vielfalt ist erwünscht, sowohl in gekochter als auch roher Form.

Die dritte Ebene der Ernährungspyramide bilden Getreide und Kartoffeln. Vor allem Vollkornprodukte enthalten nützliche Vitamine, Mineral- und Ballaststoffe und sollten mehrmals täglich konsumiert werden. Auch pflanzliche Öle, Samen und Nüsse sollten in den täglichen Ernährungsplan aufgenommen werden, da sie wertvolle Fette enthalten.

Darüber stehen Milch und Milchprodukte, die eine gute Eiweiß- und Kalziumquelle sind und deshalb täglich in Form von

Milch, zuckerarmem Joghurt oder fett- und salzarmem Käse konsumiert werden sollten.

Fisch, Fleisch, Wurst und Eier liefern Eiweiß und sollten an drei bis vier Tagen der Woche konsumiert werden.

Gesättigte Fettsäuren, wie sie in fettreichem Fleisch vorkommen, enthalten in vielen Fällen ebenfalls reichlich Cholesterin und sollten nur selten gegessen werden, da sie sich negativ auf die Blutfettwerte auswirken.

Verarbeitete Lebensmittel und Fertigprodukte stellen die Spitze der Ernährungspyramide dar und sollten nur sehr selten konsumiert werden. Sie enthalten sehr viel Zucker, Fett und Salz und können die Gesundheit negativ beeinflussen.

Prävention durch Wissen – Ausbildungsprogramme

Ausbildungsprogramme zur Patientenedukation zielen darauf ab, Grundlagen und Ursachen von Rückenschmerzen zu vermitteln und Betroffenen ihre Beschwerden verständlich zu machen. In Kombination mit manueller oder Trainingstherapie sollen so Schmerzintensitäten gesenkt und das Ausmaß an Bewegungseinschränkung reduziert werden.

Die Intervention erfolgt in Anlehnung an das bio-psycho-soziale Modell in mehreren Bereichen und vermittelt Theorien und Fakten aus dem biologischen, physiologischen, psychologischen, sozialen, gesellschaftlichen, ökologischen und beruflichen Bereich – mit dem Ziel, die Schmerzmatrix positiv zu beeinflussen. Es sollen diverse aktive Übungen und Bewegungen zur Muskelkräftigung und Förderung der Beweglichkeit gelehrt, die manuelle Therapie erklärt und verhaltenstherapeutische Interventionen in die Praxis umgesetzt werden.

Operationen und Medikamente

Der Fokus derzeitiger präventiver Maßnahmen liegt hauptsächlich im Bereich bio-psycho-sozialer Programme. Operationen und Medikamente sollen größtenteils vermieden werden und finden nur in wirklich notwendigen Fällen Anwendung, nachdem eine positive Wirkung durch konservative Therapien nicht erreicht werden konnte.

Eine Operation im Bereich der Wirbelsäule ist die sogenannte *Diskektomie* zur Entfernung von beschädigtem Bandscheibengewebe in Folge eines Bandscheibenvorfalls.

Bei einer *Laminektomie* wird der Wirbelbogen mit dem Dornfortsatz entfernt, vor allem, um Platz zu gewinnen und zu hohen Druck im Wirbelkanal zu reduzieren.

Die *Spondylodese* beschreibt ein Operationsverfahren zur Versteifung eines oder mehrerer Wirbelgelenke zur wiederherstellenden Belastbarkeit der Wirbelsäule.

Unter *PLIF, TLIF* und *ALIF* versteht man Operationsmethoden zur Versteifung der Wirbelsäule. Dabei werden Bandscheiben entfernt und durch künstliches Material ersetzt sowie Wirbelgelenke zusätzlich versteift. Die unterschiedlichen Bezeichnungen dieser Operationsmethode beziehen sich darauf, von welcher Seite der Zugriff zur Wirbelsäule erfolgt.

Medikamentöse Therapien setzen sich oft aus einer Kombination von schmerzstillenden und entzündungshemmenden Medikamenten sowie aus Wirkstoffen zur Muskelentspannung zusammen.

Sowohl operative als auch medikamentöse Therapien unterliegen der Verschreibung und Beaufsichtigung eines speziell dafür ausgebildeten Arztes. Sollten eine Operation oder Medikamente erforderlich sein, erfolgt eine ausführliche Aufklärung diesbezüglich immer durch den behandelnden Arzt.

REHABILITATION – THERAPIEN

Rehabilitation beschäftigt sich mit der sozialen und ökologischen Wiedereingliederung beziehungsweise der Wiederherstellung von Fähigkeiten und Fertigkeiten, die vor dem Auftreten von Beschwerden vorhanden waren. Dabei steht der Leistungsgedanke im Hintergrund, es sollen keine Höchstleistungen erreicht werden, sondern das alters- und situationsgerechte Funktionieren steht im Vordergrund. Einschränkungen sollen sowohl im sozialen, ökologischen, psychologischen als auch körperlichen Bereich so gering wie möglich gehalten werden, sollte es nicht möglich sein, diese vollständig zu beheben. Rehabilitation beschreibt dabei ein umfassendes Konzept von medizinischen, psychosozialen, schulischen und beruflichen Maßnahmen, die über die Akutbehandlung hinausgehen.

Manuelle Therapie

Manuelle Therapien sind alle Behandlungsmöglichkeiten, bei denen durch Einsatz der Hände des Therapeuten Funktionsstörungen des Bewegungsapparates behandelt werden. Sie werden vor allem von Physiotherapeuten mit speziellen Zusatzausbildungen und Ärzten durchgeführt und bestehen aus drei großen Teilbereichen: Weichteiltechniken, gelenkbasierten Techniken und Neurodynamik.

Ausgewählte Bereiche der manuellen Therapie sollen im Folgenden kurz vorgestellt werden:
- *Chiropraktik*: Verschobene und aus der Position gerutschte Wirbelkörper werden in der Chiropraktik durch Druck- und Zugbelastungen wieder in die richtige Position gerückt. Zusätzlich wer-

den Dehnungs- und Entspannungsübungen durchgeführt und zunehmend auch andere Gelenke als die Wirbelsäule behandelt.

- *Cranio-Sakral-Therapie*: Bewegungseinschränkungen der Wirbelsäule werden manuell behandelt, sodass ein angenommener Energiefluss wiederhergestellt wird.
- *Naprapathie*: Die Naprapathie kommt aus dem orthopädischen Bereich und wird vor allem in Skandinavien häufig angewandt. Sie ist eine Methode zur Diagnostik und Behandlung neuroskelettomuskulärer Dysfunktionen.
- *Rolfing Methode*: Diese Methode versucht, durch Behandlung der Faszien die Körperstrukturen in eine gesunde Ausrichtung zu bringen.
- *Orthopädische manuelle Therapie*: Sie beschäftigt sich mit der muskuloskelettalen Befunderhebung und Therapie, in der manuelle Techniken und aktive Übungen kombiniert werden.
- *Osteopathie*: Die Osteopathie will durch spezielle Grifftechniken und Lockerungsübungen von Knochen und Muskeln Bewegungseinschränkungen aufheben.

Physiotherapie

Die Physiotherapie ist eine sehr häufig angewandte ärztlich verordnete Methode zur Aufrechterhaltung oder Wiederherstellung der Bewegungs- und Funktionsfähigkeit. Sie orientiert sich an auftretenden Beschwerden und Funktionseinschränkungen des Patienten und versucht, diese durch den Einsatz diagnostischer, gymnastischer sowie manueller Methoden zu verbessern und ist immer individuell an den jeweiligen Patienten angepasst, weshalb sie ausschließlich in Einzelbehandlung erfolgt. Sie hat zum Ziel, die Gesundheit des Individuums zu fördern sowie Schmerzen zu reduzieren. Die Physiotherapie findet in den unterschiedlichsten Bereichen körperlicher Beschwerden Anwendung, und ihre Wirksamkeit in Bezug auf Rücken- und Nackenschmerzen ist wissenschaftlich bestätigt.

Trainingstherapie

Die Trainingstherapie ist eine ebenfalls medizinisch verordnete Maßnahme, bei der Inhalte und Methoden der sportlichen Praxis im Bereich von medizinischen Rehabilitationsmaßnahmen eingesetzt werden. Sie findet meist in Form von Gruppentherapien statt und hat zum Ziel, funktionelle und körperliche Störungen des Bewegungsapparates zu behandeln, um durch die angestrebte Schmerzfreiheit sowie Steigerung der Belastbarkeit Einschränkungen in Beruf, Alltag, Freizeit und Sport zu reduzieren. Deutliche Effekte von moderater körperlicher Aktivität zeigen sich vor allem in der Schmerzreduktion, Verbesserung der körperlichen Funktionsfähigkeit sowie in einer Verbesserung der mentalen Gesundheit. Die Trainingstherapie ist also eine sehr gut geeignete Methode zur Behandlung von Rücken- und Nackenschmerzen.

Physikalische Therapie

Die physikalische Therapie umfasst ein breites Behandlungsspektrum äußerer Reize zur Vorbeugung und Rehabilitation umfassender Beschwerden. Welche speziellen Methoden für Patienten geeignet sind, wird durch einen Arzt festgestellt und verordnet. In der Behandlung von Rücken- und Nackenschmerzen können mehrere Anwendungen zum Einsatz kommen, welche nachfolgend kurz aufgelistet sind:

- Wasser- und Balneotherapie (Heilwasser und Moor)
- Thermotherapie (Wärme und Kälte)
- Elektrotherapie (Strom)
- Ultraschalltherapie
- Massage
- Lichttherapie
- Lasertherapie

Eine Wirksamkeit der genannten Methoden zur Behandlung von Rücken- und Nackenschmerzen konnte nachgewiesen werden.

Verhaltenstherapie

In der Verhaltenstherapie werden lerntheoretische und grundlagenpsychologische Prinzipien unter Einbeziehen handlungstheoretischer und kognitiver Konzepte therapeutisch genutzt. Sie zeigt in unterschiedlichen Bereichen, darunter auch bei Rücken- und Nackenschmerzen, Wirkung und wird vermehrt zur Behandlung diverser Symptomatiken eingesetzt. Ausgehend von einer Verhaltensanalyse werden Techniken wie das Modelllernen, das Training sozialer Kompetenzen, Problemlösestrategien, Biofeedback und kognitive Aspekte erlernt und infolgedessen von Betroffenen zur Behandlung bestehender Symptomatiken angewandt.

Entspannungstherapie

Entspannungstherapien sind ein Teilbereich der Therapien zur Stressreduktion, die in Form von zahlreichen Methoden und Techniken Anwendung finden und Erregungen dämpfen sollen. Sie sind sowohl eigenständige Therapien, als auch Bestandteil umfassender Therapien und dienen zur Steigerung von Wohlbefinden durch Erholung und Regeneration. Ein verbesserter Umgang mit Stress sowie psychischen, sozialen als auch körperlichen Belastungen soll erreicht werden. Entspannungstherapien können in körperliche, meditative sowie einige weitere, unspezifische Entspannungstechniken unterteilt werden. Ihre Wirkung in Bezug auf Rücken- und Nackenschmerzen ist bestätigt und kann durch Einsatz des bio-psycho-sozialen Modells erklärt werden. Patienten bekommen das Gefühl, Spannungen und Erregungen regulieren zu können und so die Kontrolle über sich selbst und ihre körperlichen Beschwerden zu haben, was sich positiv auf Schmerzsymptomatiken und Wohlbefinden auswirkt.

Akupunktur

Die Akupunktur ist eine der ältesten Behandlungsmethoden. Durch Reizung unterschiedlicher Akupunktur-Punkte indem klassischerweise sehr kleine Nadeln in die Haut gestochen werden, sollen die Selbstheilungskräfte von Betroffenen angeregt und somit gestörte Funktionen wieder normalisiert sowie Rücken- und Nackenschmerzen reduziert werden. Eine Stimulation der genannten Akupunktur-Punkte ist schmerzarm und kann ebenfalls durch Fingerdruck, Wärme, Strom oder Ultraschall erfolgen. Die Wirksamkeit dieser Methode konnte wissenschaftlich bestätigt werden.

PRAXISTEIL

Der zweite Teil dieses Buches, der Praxisteil, beschäftigt sich mit praktischen Empfehlungen aus den Bereichen Ergonomie, Ernährung, Entspannung und Trainingstherapie.

Es geht um praktische Maßnahmen, die gut in den Alltag integriert werden können, jedoch möglicherweise nicht für jeden gleichermaßen geeignet sind. Sie können ausprobieren, was Ihnen hilft und beibehalten, was Ihnen gut tut.

Sollten Sie sich mit einigen Ratschlägen und Übungen nicht wohlfühlen oder ihre Schmerzen dadurch schlimmer werden beziehungsweise weitere oder andere Beschwerden auftreten, sind einzelne dieser Empfehlungen für Sie höchstwahrscheinlich nicht geeignet. In diesem Fall kehren Sie bitte wieder zu Ihrem gewohnten Alltag zurück und nehmen keine Änderungen in den Bereichen Ergonomie, Ernährung, Entspannung und körperliche Aktivität vor, ohne diese vorher mit Ihrem Arzt zu besprechen.

In einigen Fällen ist es empfehlenswert, Änderungen in den Bereichen Ergonomie, Ernährung, Entspannung und Sport grundsätzlich vorab mit einem Arzt abzusprechen.

Ergonomie – Tipps für den Alltag

- Stehen Sie in einer aufrechten Position, in der die Wirbelsäule ihre natürliche Krümmung beibehält und belasten Sie beide Beine gleichmäßig.
- Variieren Sie bei langen Stehphasen die Position ein wenig, indem Sie zum Beispiel einen Fuß auf eine Erhöhung stellen oder sich kurzzeitig anlehnen.

- Tragen Sie flache und gemütliche Schuhe, optimal sind Sportschuhe.
- Behalten Sie im Sitzen die natürliche Position der Wirbelsäule bei, indem Sie aufrecht sitzen und einen Stuhl mit entsprechender Lehne und passender Höhe verwenden.
- Wechseln Sie bei langen Sitzphasen immer wieder zwischen dynamischem und unterstütztem Sitzen.
- Verwenden Sie zum dynamischen Sitzen Hilfsmittel wie einen Gymnastikball, ein Sitzkissen oder einen Sitzkeil.
- Richten Sie Ihren Arbeitsplatz so ein, dass Sie ihn rückenschonend benutzen können. Stellen Sie Ihren Bildschirm so vor den Körper, dass Sie ohne Verdrehen des Kopfes darauf blicken können. Der Blick sollte dabei leicht nach unten gehen, die obere Bildschirmkante ist exakt auf Augenhöhe positioniert.
- Benutzen Sie einen drehbaren Stuhl, sodass Sie sich mit dem Sessel drehen können, anstatt Bewegungen aus dem Oberkörper auszuführen.
- Machen Sie regelmäßige, kurze Bewegungspausen. Gehen Sie spazieren oder machen Sie gymnastische Übungen. Entspannen Sie auch die Augenmuskulatur regelmäßig und lassen Sie Ihre Schultern kreisen.
- Behalten Sie beim Liegen die natürliche Position Ihrer Wirbelsäule bei. Wählen Sie Polster und Matratze so, dass dies möglich ist und Sie ein positives Gefühl haben.
- Benutzen Sie zum Heben von Lasten immer den gesamten Körper. Die Wirbelsäule soll dabei gerade bleiben und das Gewicht ausschließlich aus den Beinen angehoben werden. Der Rücken wird dabei stabil gehalten und soll sich nicht krümmen.
- Tragen Sie schwere Lasten nie einseitig, sondern immer beidseitig. Umfassen Sie das Gewicht dazu mit beiden Händen und tragen es vor dem Körper, ohne die Wirbelsäule zu weit nach hinten zu überstrecken. Halten Sie Ihren Rumpf stabil.
- Verwenden Sie zum Transport schwerer Lasten Unterstützungen und Transporthilfen.
- Gehen Sie lieber zweimal, als zu große Mengen auf einmal zu tragen.

- Verwenden Sie Haushaltshilfen (Verlängerung des Besens, kleine Leiter, etc.), um zu große Rücken- und Nackenbelastungen zu vermeiden.
- Teilen Sie Hausarbeiten auf und planen Sie Pausen ein, um sich nicht zu überlasten.
- Treiben Sie regelmäßig Sport. Moderate körperliche Aktivität unterstützt Ihren Rücken in Aufbau und Erhaltung von Funktionalität und Beweglichkeit. Achten Sie dabei auf die richtige Technik.
- Suchen Sie sich ein bewegtes Hobby, das Ihnen Freude bereitet.
- Nehmen Sie an Sportangeboten teil.
- Stellen Sie Ihren Autositz richtig ein, und achten Sie auf eine passende Lordosenstütze. Verwenden Sie Polster und andere Utensilien, um es sich in diversen Transportmitteln gemütlich zu machen.
- Gönnen Sie sich Entspannung und genießen Sie regelmäßig Massagen.

Alltagsbezogene Ernährungstipps

- Ernähren Sie sich ausgewogen und abwechslungsreich, und achten Sie auf eine bunte Vielfalt. Verzichten Sie auf nichts, versuchen Sie alles zu essen, jedoch in den richtigen Mengen.
- Trinken Sie ausreichend alkoholfreie Getränke. Mindestens eineinhalb Liter Wasser oder ungesüßten Tee und zuckerfreie Getränke sollte ein Erwachsener täglich zu sich nehmen.
- Essen Sie mehrmals täglich Obst, Gemüse und Hülsenfrüchte.
- Essen Sie sowohl rohes als auch gekochtes Gemüse.
- Essen Sie ausreichend Getreideprodukte, und bevorzugen Sie Vollkorn. Je naturbelassener desto besser, also bevorzugen Sie beispielsweise gekochte Kartoffeln vor Pommes Frittes.
- Kochen Sie frisch, und kochen Sie selbst. Fertigprodukte haben nicht so viele und gesunde Inhaltsstoffe wie Selbstgekochtes.

- Bevorzugen Sie gesunde Fette wie pflanzliche Öle, Nüsse oder Samen.
- Achten Sie auf eine ausreichende Eiweißaufnahme in Form von Milchprodukten, Fisch, Fleisch und Eiern. Während Milchprodukte täglich konsumiert werden können, sollten Fleisch, Wurst und Eier nur etwa drei- bis viermal pro Woche gegessen werden.
- Vermeiden Sie verarbeitete Lebensmittel weitgehend.
- Vermeiden Sie zu viel Zucker, und achten Sie auf versteckte Zuckerquellen, zum Beispiel in Getränken.
- Verwenden Sie zum Würzen Ihrer Gerichte nur wenig Salz, dafür mehr Gewürze und Kräuter.
- Lesen Sie beim Einkaufen das Etikett, und beschäftigen Sie sich mit den jeweiligen Inhaltsstoffen.

Entspannungsverfahren

Progressive Muskelentspannung

Die progressive Muskelentspannung dauert etwa zehn bis 30 Minuten und kann täglich angewandt werden. Es werden unterschiedliche Muskelgruppen nacheinander angespannt und anschließend wieder vollkommen entspannt. Durch den wiederholten Wechsel zwischen An- und Entspannung wird wahrgenommen, was Entspannung ausmacht.

- Legen Sie sich in einer reizarmen Umgebung entspannt auf einen bequemen Untergrund auf den Rücken, schließen Sie die Augen, und atmen Sie ruhig und gleichmäßig.
- Spannen Sie die Hände für drei bis fünf Sekunden so fest Sie können an, und entspannen Sie anschließend für 20 bis 30 Sekunden.
- Nehmen Sie die Entspannung bewusst wahr.
- Wiederholen Sie diesen Ablauf mit verschiedenen Körperregionen:

- Arme
- Beine
- Rumpf
- Nacken
- Gesicht
- Konzentrieren Sie sich wieder auf die Gegenwart, und nehmen Sie den Raum wahr, in dem Sie sich befinden.

Autogenes Training

Das autogene Training stellt Entspannung über die Konzentration auf den eigenen Körper und Selbstbefehle her. Obwohl es auch längere Formen gibt, sind in den meisten Fällen schon fünf bis zehn Minuten täglich ausreichend, um die positive Entspannungswirkung und Stressreduktion zu merken. Fachkundige Anleitung und ein gewisser Zeitaufwand sind meist notwendig, um die Technik zu erlernen.

Der Ablauf wird folgendermaßen beschrieben:
- Nehmen Sie eine entspannte Position in einer reizarmen Umgebung ein, schließen Sie die Augen, und atmen Sie ruhig und gleichmäßig.
- Nehmen Sie eine Haltung passiver Konzentration ein. Die Effekte sollten nicht erzwungen, sondern vielmehr zugelassen werden. Störende Gedanken werden behutsam vertrieben.
- Stellen Sie sich vor, dass Ihre Arme ganz warm werden, indem Sie sich „meine Arme sind ganz warm" vorsagen. Diese Formeln basieren auf sechs Themen:
  - Schwere in Armen und Beinen
  - Wärme in Armen und Beinen
  - Ruhige Atmung
  - Ruhiger Herzschlag
  - Warmer Oberbauch
  - Kühle Stirn
- Wiederholen Sie diese Formeln mehrmals.

- Konzentrieren Sie sich wieder auf die Gegenwart, und nehmen Sie den Raum wahr, in dem Sie sich befinden.
- Bewegen Sie sich langsam und vorsichtig, und beenden Sie die Entspannung.

Sowohl die progressive Muskelentspannung als auch das autogene Training eignen sich sehr gut, um körperliche sowie mentale Entspannungsreaktionen hervorzurufen und zu trainieren. Beide Methoden können erlernt werden und zu einem positiven Befinden und zur Schmerzreduktion beitragen. Ausführliche akustische Anleitungen dazu finden Sie an zahlreichen Stellen im Internet oder auf Entspannungs-CDs im Handel.

Ausgewählte trainingstherapeutische Übungen

Die folgenden Übungen sind trainingstherapeutische Empfehlungen für Gymnastik und eine aktive Lebensgestaltung. Nicht jede Übung ist für jede Art von Rücken- und Nackenschmerzen geeignet. Daher ist es für Sie besonders wichtig, auf Ihren eigenen Körper zu hören. Probieren Sie Übungen zuerst vorsichtig aus, überanstrengen Sie sich nicht, und achten Sie auf die richtige Technik.

Sollten Sie das Gefühl haben, dass Ihnen eine Übung hilft und sich gut anfühlt, können Sie sie weiterhin anwenden. Sollten Ihnen einzelne Übungen Schmerzen bereiten oder sich nicht gut anfühlen, oder Sie fühlen sich dabei nicht wohl, machen Sie diese Übungen nicht.

Jeder kennt seinen eigenen Körper am besten und merkt, was ihm hilft und was ihm schadet. Die nachfolgenden Übungen sollen Hilfestellungen und Maßnahmen für einen gesunden Rücken und einen gesunden Nacken darstellen und Betroffenen keinesfalls schaden. Hören Sie daher auf Ihren eigenen Körper, und machen Sie nur jene Übungen, die Ihre Symptome verbessern und sich für Sie persönlich gut anfühlen.

Die ersten Kapitel mit Übungsprogrammen speziell für Halswirbelsäule, Brustwirbelsäule und Schultermuskulatur sowie Lendenwirbelsäule enthalten relativ schonende Übungen für Betroffene von Rücken- und Nackenschmerzen. Trotzdem sind einige Übungen etwas schwerer als andere, und nicht alles ist für jeden gleichermaßen geeignet.

Achten Sie auf die richtige Technik bei der Übungsausführung. Sind Sie sich bei der korrekten Ausführung nicht sicher, holen Sie sich Hilfe von Fachkräften, oder lassen Sie Übungen aus. Ehe eine Übung falsch absolviert wird, sollte besser ganz darauf verzichtet werden.

Speziell nach Unfällen besprechen Sie bitte Trainingsprogramme immer zuerst mit Ihrem behandelnden Arzt.

Das Trainingsprogramm zur Kräftigung der Rumpfmuskulatur ist als präventives Programm gedacht, Betroffene von Rückenschmerzen sollten es im Zweifelsfall nicht anwenden. Sollten Sie dennoch einzelne Übungen machen wollen, besprechen Sie dies bitte mit Ihrem Arzt oder behandelnden Therapeuten.

Eine Video-Anleitung zu allen Übungen finden Sie auf meinem YouTube Kanal mit dem Namen *Theri Hornich*.

H1 – *Halswirbelsäule*

Körperregion: **Halswirbelsäule**
Übungsziel: **Mobilisation**
Schwierigkeitsgrad: **Leicht**
Ausgangsposition: Setzen oder stellen Sie sich in eine aufrechte Position, und halten Sie die Wirbelsäule in ihrer natürlichen Form. Bauch, Rücken und Gesäß sind leicht angespannt, das Kinn ist leicht nach hinten gezogen (Doppelkinn).
Bewegungsdurchführung: Drehen Sie den Kopf vorsichtig nach links und rechts. Das Kinn bleibt während der gesamten Bewegung unten und herangezogen. Wechseln Sie langsam und abwechselnd zwischen rechter und linker Seite.
10 Wiederholungen pro Richtung

H2 – Halswirbelsäule

Körperregion: **Halswirbelsäule**
Übungsziel: **Mobilisation**
Schwierigkeitsgrad: **Leicht**
Ausgangsposition: Setzen oder stellen Sie sich in eine aufrechte Position und halten Sie die Wirbelsäule in ihrer natürlichen Form. Bauch, Rücken und Gesäß sind leicht angespannt, das Kinn ist leicht nach hinten gezogen (Doppelkinn).
Bewegungsdurchführung: Nicken Sie mit dem Kopf vorsichtig nach vorne und hinten. Wechseln Sie langsam zwischen oben und unten, und achten Sie darauf, dass Sie das Kinn nicht nach vorne schieben.
10 Wiederholungen pro Richtung

 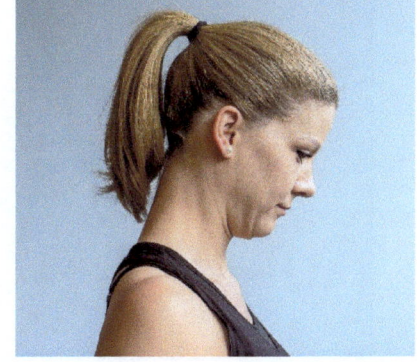

H3 – Halswirbelsäule

Körperregion: **Halswirbelsäule**
Übungsziel: **Mobilisation**
Schwierigkeitsgrad: **Leicht**
Ausgangsposition: Setzen oder stellen Sie sich in eine aufrechte Position und halten Sie die Wirbelsäule in ihrer natürlichen Form. Bauch, Rücken und Gesäß sind leicht angespannt, das Kinn ist leicht nach hinten gezogen (Doppelkinn).
Bewegungsdurchführung: Neigen Sie den Kopf vorsichtig nach links und rechts. Das Kinn bleibt während der gesamten Bewegung unten und herangezogen. Es soll zu keiner Verdrehung des Kopfes kommen. Wechseln Sie langsam und abwechselnd zwischen rechter und linker Seite und halten Sie Ihre Schultern stabil.
10 Wiederholungen pro Richtung

H4 – Halswirbelsäule

Körperregion: **Halswirbelsäule**	
Übungsziel: **Mobilisation**	
Schwierigkeitsgrad: **Leicht**	
Ausgangsposition: Setzen oder stellen Sie sich in eine aufrechte Position und halten Sie die Wirbelsäule in ihrer natürlichen Form. Bauch, Rücken und Gesäß sind leicht angespannt, das Kinn ist leicht nach hinten gezogen (Doppelkinn).	
Bewegungsdurchführung: Machen Sie mit dem Kopf halbkreisförmige Bewegungen nach rechts und links (zwischendurch auf den Boden schauen). Überstrecken Sie den Kopf nicht nach hinten, da dies zu einer verminderten Durchblutung und möglicherweise zu Schwindel führt.	
10 Wiederholungen pro Richtung	

 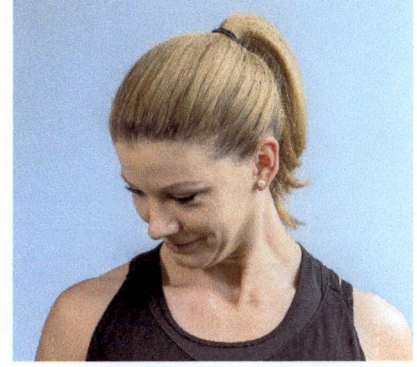

H5 – *Halswirbelsäule*

Körperregion: **Halswirbelsäule**
Übungsziel: **Mobilisation**
Schwierigkeitsgrad: **Mittel**
Ausgangsposition: Legen Sie sich entspannt auf den Rücken, und halten Sie die Wirbelsäule in ihrer natürlichen Position. Platzieren Sie unter Ihrem Nacken eine kleine Schaumstoffrolle (Blackroll).
Bewegungsdurchführung: Lassen Sie den Kopf leicht von einer Seite auf die andere Seite drehen, und entspannen Sie dabei Ihre Halsmuskulatur. Wechseln Sie langsam zwischen rechter und linker Seite.
10 Wiederholungen pro Richtung

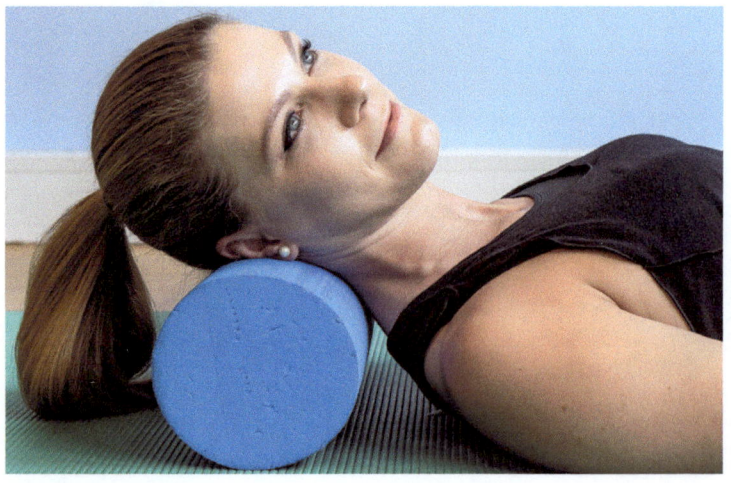

H6 – *Halswirbelsäule*

Körperregion: **Halswirbelsäule**
Übungsziel: **Kräftigung**
Schwierigkeitsgrad: **Leicht**
Ausgangsposition: Setzen oder stellen Sie sich in eine aufrechte Position, und halten Sie die Wirbelsäule in ihrer natürlichen Form. Bauch, Rücken und Gesäß sind leicht angespannt, das Kinn ist leicht nach hinten gezogen (Doppelkinn). Platzieren Sie beide Hände auf dem Hinterkopf.
Bewegungsdurchführung: Drücken Sie behutsam mit dem Kopf gegen Ihre Hände. Äußerlich sollte keine Bewegung sichtbar sein, es kommt ausschließlich zu einem Druckaufbau zwischen Kopf und Händen und infolgedessen zu einer Kräftigung der hinteren Halsmuskulatur. Wechseln Sie etwa alle drei bis fünf Sekunden zwischen Anspannung und Entspannung.
2 Durchgänge zu je 8 Wiederholungen (30 Sekunden Pause)

H7 – Halswirbelsäule

Körperregion: **Halswirbelsäule**
Übungsziel: **Kräftigung**
Schwierigkeitsgrad: **Leicht**
Ausgangsposition: Setzen oder stellen Sie sich in eine aufrechte Position, und halten Sie die Wirbelsäule in ihrer natürlichen Form. Bauch, Rücken und Gesäß sind leicht angespannt, das Kinn ist leicht nach hinten gezogen (Doppelkinn). Platzieren Sie eine Hand auf der Schläfe.
Bewegungsdurchführung: Drücken Sie behutsam mit dem Kopf gegen Ihre Hand. Äußerlich sollte keine Bewegung sichtbar sein, es kommt ausschließlich zu einem Druckaufbau zwischen Kopf und Hand und infolgedessen zu einer Kräftigung der seitlichen Halsmuskulatur. Wechseln Sie etwa alle drei bis fünf Sekunden zwischen Anspannung und Entspannung.
2 Durchgänge pro Seite zu je 8 Wiederholungen (30 Sekunden Pause)

H8 – Halswirbelsäule

Körperregion: **Halswirbelsäule**
Übungsziel: **Kräftigung**
Schwierigkeitsgrad: **Leicht**
Ausgangsposition: Setzen oder stellen Sie sich in eine aufrechte Position, und halten Sie die Wirbelsäule in ihrer natürlichen Form. Bauch, Rücken und Gesäß sind leicht angespannt, das Kinn ist leicht nach hinten gezogen (Doppelkinn). Platzieren Sie eine Hand auf der Stirn.
Bewegungsdurchführung: Drücken Sie behutsam mit dem Kopf gegen Ihre Hand. Äußerlich sollte keine Bewegung sichtbar sein, es kommt ausschließlich zu einem Druckaufbau zwischen Kopf und Hand und infolgedessen zu einer Kräftigung der vorderen Halsmuskulatur. Wechseln Sie etwa alle drei bis fünf Sekunden zwischen Anspannung und Entspannung.
2 Durchgänge zu je 8 Wiederholungen (30 Sekunden Pause)

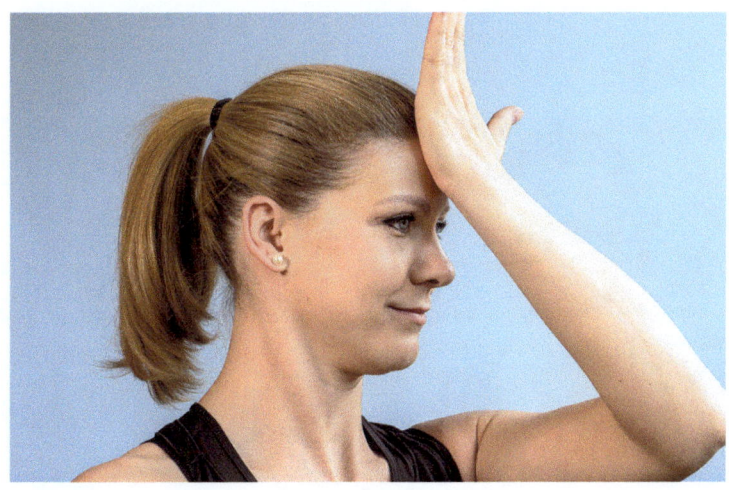

H9 – Halswirbelsäule

Körperregion: **Halswirbelsäule**
Übungsziel: **Kräftigung**
Schwierigkeitsgrad: **Leicht**
Ausgangsposition: Setzen oder stellen Sie sich in eine aufrechte Position, und halten Sie die Wirbelsäule in ihrer natürlichen Form. Bauch, Rücken und Gesäß sind leicht angespannt, das Kinn ist leicht nach hinten gezogen (Doppelkinn).
Bewegungsdurchführung: Ziehen Sie beide Schultern in die Höhe und leicht nach hinten, sodass es zu einer Spannung in der Nackenmuskulatur kommt. Halten Sie diese Spannung für einige Sekunden und entspannen Sie anschließend wieder. Während der Entspannung lassen Sie die Schultern hängen, oder ziehen Sie diese leicht nach unten. Wechseln Sie etwa alle drei bis fünf Sekunden zwischen Anspannung und Entspannung.
2 Durchgänge zu je 8 Wiederholungen (30 Sekunden Pause)

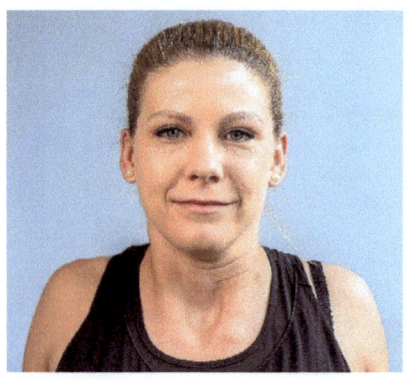 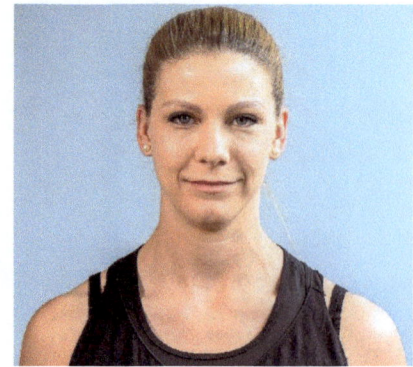

H10 – Halswirbelsäule

Körperregion: **Halswirbelsäule**
Übungsziel: **Dehnung**
Schwierigkeitsgrad: **Leicht**
Ausgangsposition: Setzen oder stellen Sie sich in eine aufrechte Position, und halten Sie die Wirbelsäule in ihrer natürlichen Form. Bauch, Rücken und Gesäß sind leicht angespannt, das Kinn ist leicht nach hinten gezogen (Doppelkinn). Platzieren Sie beide Hände auf dem Hinterkopf.
Bewegungsdurchführung: Ziehen Sie Ihren Kopf vorsichtig nach vorne, bis es zu einem leichten Zug im Nackenbereich kommt. Halten Sie Ihre Brustwirbelsäule gerade, und machen Sie keinen Buckel. Die Bewegung erfolgt ausschließlich in der Halswirbelsäule.
2 Durchgänge zu je 30 Sekunden (15 Sekunden Pause)

H11 – Halswirbelsäule

Körperregion: **Halswirbelsäule**
Übungsziel: **Dehnung**
Schwierigkeitsgrad: **Leicht**
Ausgangsposition: Setzen oder stellen Sie sich in eine aufrechte Position, und halten Sie die Wirbelsäule in ihrer natürlichen Form. Bauch, Rücken und Gesäß sind leicht angespannt, das Kinn ist leicht nach hinten gezogen (Doppelkinn).
Bewegungsdurchführung: Kippen Sie Ihren Kopf behutsam zur Seite, und ziehen Sie mit der gegenüberliegenden Hand vorsichtig in die entgegengesetzte Richtung, sodass es zu einem leichten Zug in der seitlichen Halsregion kommt.
2 Durchgänge pro Seite zu je 30 Sekunden (15 Sekunden Pause)

H12 – Halswirbelsäule

Körperregion: **Halswirbelsäule**
Übungsziel: **Dehnung**
Schwierigkeitsgrad: **Leicht**
Ausgangsposition: Setzen oder stellen Sie sich in eine aufrechte Position, und halten Sie die Wirbelsäule in ihrer natürlichen Form. Bauch, Rücken und Gesäß sind leicht angespannt, das Kinn ist leicht nach hinten gezogen (Doppelkinn).
Bewegungsdurchführung: Drehen Sie Ihren Kopf so weit wie möglich in eine Richtung, und halten Sie diese Position. Das Kinn bleibt dabei heruntergezogen (Doppelkinn machen).
2 Durchgänge pro Seite zu je 30 Sekunden (15 Sekunden Pause)

B1 – *Brustwirbelsäule*

Körperregion: **Brustwirbelsäule**
Übungsziel: **Mobilisation**
Schwierigkeitsgrad: **Leicht**
Ausgangsposition: Stellen Sie sich in eine aufrechte Position, und halten Sie die Wirbelsäule in ihrer natürlichen Form. Bauch, Rücken und Gesäß sind leicht angespannt, das Kinn ist leicht nach hinten gezogen (Doppelkinn).
Bewegungsdurchführung: Drücken Sie den gesamten Rücken nach hinten, sodass Sie einen Buckel machen. Anschließend machen Sie die Gegenbewegung, indem Sie das Brustbein nach oben ziehen. Führen Sie diese Bewegungen langsam und abwechselnd aus.
10 Wiederholungen pro Richtung

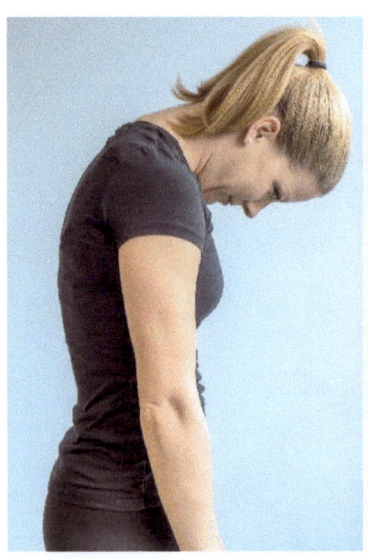 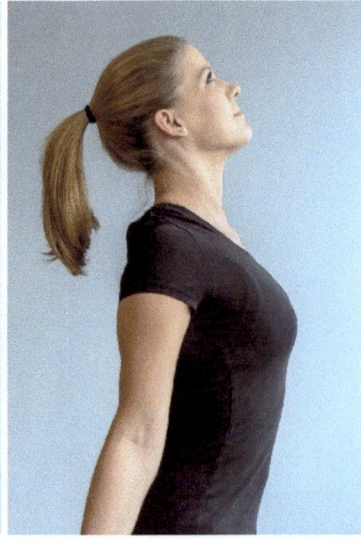

B2 – Brustwirbelsäule

Körperregion: **Brustwirbelsäule**
Übungsziel: **Mobilisation**
Schwierigkeitsgrad: **Leicht**
Ausgangsposition: Stellen Sie sich in eine aufrechte Position, und halten Sie die Wirbelsäule in ihrer natürlichen Form. Bauch, Rücken und Gesäß sind leicht angespannt, das Kinn ist leicht nach hinten gezogen (Doppelkinn). Die Hände liegen auf dem Brustbein auf.
Bewegungsdurchführung: Drehen Sie ihre Schultern so weit wie möglich nach rechts und links, und achten Sie darauf, dass die Bewegung in der Brustwirbelsäule passiert. Becken und Lendenwirbelsäule sind stabil und bewegen sich nicht. Wechseln Sie langsam zwischen rechter und linker Seite.
10 Wiederholungen pro Richtung

B3 – Brustwirbelsäule

Körperregion: **Brustwirbelsäule**
Übungsziel: **Mobilisation**
Schwierigkeitsgrad: **Leicht**
Ausgangsposition: Stellen Sie sich in eine aufrechte Position, und halten Sie die Wirbelsäule in ihrer natürlichen Form. Bauch, Rücken und Gesäß sind leicht angespannt, das Kinn ist leicht nach hinten gezogen (Doppelkinn). Die Hände sind seitlich neben dem Körper.
Bewegungsdurchführung: Neigen Sie Ihren Oberkörper vorsichtig zu einer Seite, und achten Sie darauf, dass die Bewegung in der Brustwirbelsäule durchgeführt wird. Becken und Lendenwirbelsäule sind stabil und bewegen sich nicht. Wechseln Sie langsam und abwechselnd zwischen rechter und linker Seite.
10 Wiederholungen pro Richtung

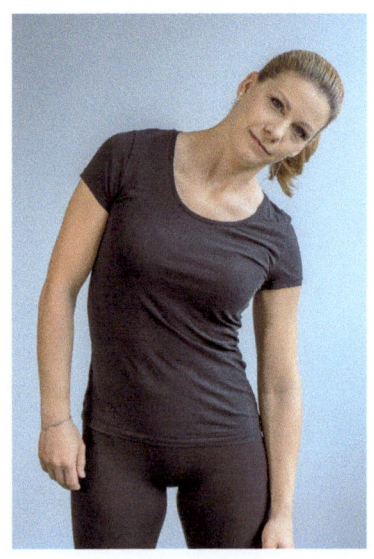

B4 – Brustwirbelsäule

Körperregion: **Brustwirbelsäule**
Übungsziel: **Mobilisation**
Schwierigkeitsgrad: **Mittel**
Ausgangsposition: Stellen Sie sich in eine aufrechte Position, und halten Sie die Wirbelsäule in ihrer natürlichen Form. Bauch, Rücken und Gesäß sind leicht angespannt, das Kinn ist leicht nach hinten gezogen (Doppelkinn). Die Hände werden seitlich weggestreckt, eine Hand schräg nach vorne oben, die andere schräg nach hinten unten.
Bewegungsdurchführung: Machen Sie mit den ausgestreckten Armen entgegengesetzt kleine Kreise, sodass die Arme immer eine Linie ergeben.
10 Wiederholungen pro Richtung

B5 – Brustwirbelsäule

Körperregion: **Brustwirbelsäule**
Übungsziel: **Kräftigung**
Schwierigkeitsgrad: **Leicht**
Ausgangsposition: Legen Sie sich entspannt auf den Rücken, und halten Sie die Wirbelsäule in ihrer natürlichen Position. Positionieren Sie die Arme rechtwinklig neben Ihrem Körper, die Oberarme berühren den Boden, die Hände sind senkrecht in die Luft gerichtet. Winkeln Sie Ihre Beine an.
Bewegungsdurchführung: Drücken Sie mit den Ellbogen kräftig gegen den Untergrund, sodass sich die Muskulatur zwischen Ihren Schulterblättern anspannt. Wechseln Sie etwa alle 3-5 Sekunden zwischen Anspannung und Entspannung.
2 Durchgänge zu je 8 Wiederholungen (30 Sekunden Pause)

B6 – Brustwirbelsäule

Körperregion: **Brustwirbelsäule**
Übungsziel: **Kräftigung**
Schwierigkeitsgrad: **Leicht**
Ausgangsposition: Legen Sie sich in Bauchlage auf eine Matte, sodass die Wirbelsäule ihre natürliche Form behält. Legen Sie die Stirn ebenfalls auf der Matte ab, der Nacken ist gerade (Blick zum Boden), die Arme sind im rechten Winkel ausgestreckt.
Bewegungsdurchführung: Heben Sie Ihre Arme etwa fünf bis zehn Zentimeter vom Boden weg, und bewegen Sie sie ein wenig auf und ab, sodass die Muskulatur zwischen Ihren Schulterblättern angespannt wird (Schulterblätter zusammenziehen). Alternativ können Sie vorwärts oder rückwärts kleine Kreise drehen. Spannen Sie Gesäß und Bauchmuskulatur an, um die Lendenwirbelsäule zu schonen.
2 Durchgänge zu je 8 Wiederholungen (30 Sekunden Pause)

B7 – *Brustwirbelsäule*

Körperregion: **Brustwirbelsäule**
Übungsziel: **Kräftigung**
Schwierigkeitsgrad: **Mittel**
Ausgangsposition: Legen Sie sich in Bauchlage auf eine Matte, sodass die Wirbelsäule ihre natürliche Form behält. Legen Sie die Stirn auf Ihre Handrücken, der Nacken ist gerade (Blick zum Boden).
Bewegungsdurchführung: Drehen Sie den leicht angehobenen Oberkörper mit den Armen nach rechts und links, sodass abwechselnd einmal die rechte, einmal die linke Schulter etwas höher ist. Die Rotation wird im Bereich der Brustwirbelsäule durchgeführt. Spannen Sie Gesäß und Bauchmuskulatur an, um die Lendenwirbelsäule zu schonen.
2 Durchgänge zu je 8 Wiederholungen pro Seite (30 Sekunden Pause)

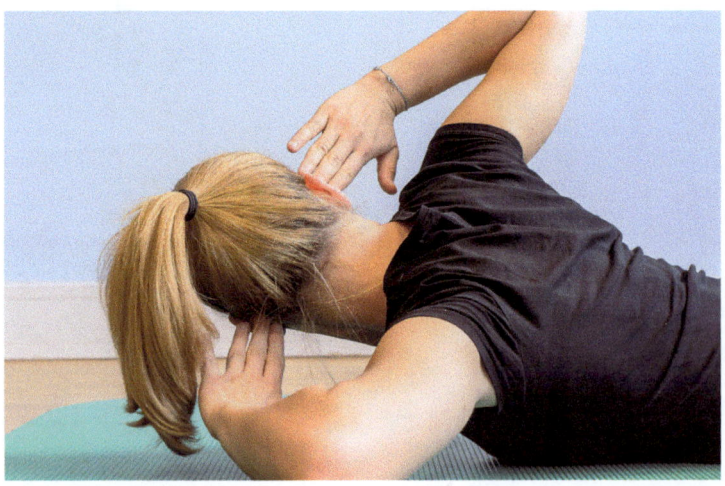

B8 – Brustwirbelsäule

Körperregion: **Brustwirbelsäule**
Übungsziel: **Kräftigung**
Schwierigkeitsgrad: **Leicht**
Ausgangsposition: Setzen oder stellen Sie sich in eine aufrechte Position, und halten Sie die Wirbelsäule in ihrer natürlichen Form. Bauch, Rücken und Gesäß sind leicht angespannt, das Kinn ist leicht nach hinten gezogen (Doppelkinn). Die Arme sind in den Ellbogen gebeugt und zeigen nach vorne. Die Brust ist herausgestreckt.
Bewegungsdurchführung: Drehen Sie die abgewinkelten Arme nach außen, sodass Sie eine Spannungssteigerung im oberen Rücken und den Schultern spüren. Wechseln Sie etwa alle drei bis fünf Sekunden zwischen Anspannung und Entspannung.
2 Durchgänge zu je 8 Wiederholungen (30 Sekunden Pause)

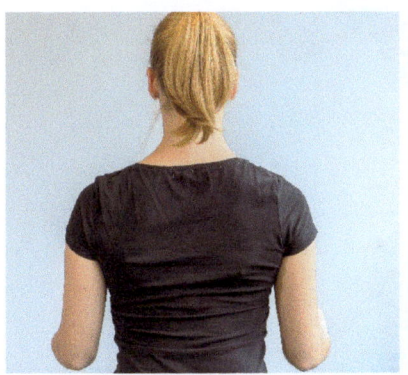 

B9 – Brustwirbelsäule

Körperregion: **Brustwirbelsäule**
Übungsziel: **Kräftigung**
Schwierigkeitsgrad: **Leicht**
Ausgangsposition: Setzen oder stellen Sie sich in eine aufrechte Position, und halten Sie die Wirbelsäule in ihrer natürlichen Form. Bauch, Rücken und Gesäß sind leicht angespannt, das Kinn ist leicht nach hinten gezogen (Doppelkinn). Die Arme sind angewinkelt und zeigen nach oben, die Handflächen zeigen nach innen. Die Brust ist herausgestreckt.
Bewegungsdurchführung: Ziehen Sie die angewinkelten Arme nach hinten unten, sodass Sie eine Spannungssteigerung im oberen Rücken spüren und die Schulterblätter näher zusammenrücken. Wechseln Sie etwa alle drei bis fünf Sekunden zwischen Anspannung und Entspannung.
2 Durchgänge zu je 8 Wiederholungen (30 Sekunden Pause)

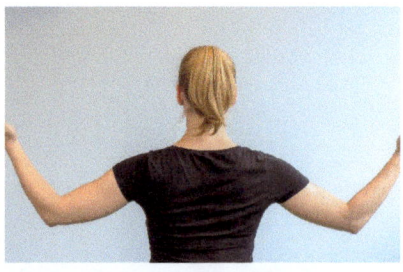

B10 – Brustwirbelsäule

Körperregion: **Brustwirbelsäule**
Übungsziel: **Kräftigung**
Schwierigkeitsgrad: **Mittel**
Ausgangsposition: Gehen Sie auf einer Matte in die Vierfüßler-Position, die Knie sind unter der Hüfte, die Hände sind unter den Schultern platziert. Die Wirbelsäule ist in ihrer natürlichen Position, der Nacken ist gerade, der Blick ist zum Boden gerichtet.
Bewegungsdurchführung: Greifen Sie mit einer Hand unter dem Körper durch, und drehen Sie Ihren Oberkörper so weit, dass die Schulter nahezu den Boden berührt. Anschließend drehen Sie sich in die andere Richtung, sodass der Arm in die Höhe kommt. Der Blick folgt während der gesamten Bewegung der Handfläche.
2 Durchgänge pro Seite zu je 8 Wiederholungen (30 Sekunden Pause)

B11 – Brustwirbelsäule

Körperregion: **Brustwirbelsäule**
Übungsziel: **Dehnung**
Schwierigkeitsgrad: **Leicht**
Ausgangsposition: Setzen oder stellen Sie sich in eine aufrechte Position, und halten Sie die Wirbelsäule in ihrer natürlichen Form. Bauch, Rücken und Gesäß sind leicht angespannt, das Kinn ist leicht nach hinten gezogen (Doppelkinn). Die Arme sind gestreckt und waagrecht nach vorne gerichtet.
Bewegungsdurchführung: Ziehen Sie mit Ihren Armen nach vorne, und machen Sie einen starken Buckel. Sie sollten im Bereich des oberen Rückens eine leichte Dehnung spüren.
2 Durchgänge zu je 30 Sekunden (15 Sekunden Pause)

B12 – Brustwirbelsäule

Körperregion: **Brustwirbelsäule**
Übungsziel: **Dehnung**
Schwierigkeitsgrad: **Leicht**
Ausgangsposition: Stellen Sie sich in eine aufrechte Position, und halten Sie die Wirbelsäule in ihrer natürlichen Form. Bauch, Rücken und Gesäß sind leicht angespannt, das Kinn ist leicht nach hinten gezogen (Doppelkinn). Platzieren Sie einen angewinkelten Arm auf Schulterhöhe an einer Wand.
Bewegungsdurchführung: Drehen Sie Ihren Körper langsam von der Wand weg und so zur Seite, dass Sie im Brustbereich eine leichte Dehnung spüren.
2 Durchgänge pro Seite zu je 30 Sekunden (15 Sekunden Pause)

L1 – Lendenwirbelsäule

Körperregion: **Lendenwirbelsäule**
Übungsziel: **Mobilisation**
Schwierigkeitsgrad: **Leicht**
Ausgangsposition: Stellen Sie sich in eine aufrechte Position, und halten Sie die Wirbelsäule in ihrer natürlichen Form. Bauch, Rücken und Gesäß sind leicht angespannt, das Kinn ist leicht nach hinten gezogen (Doppelkinn). Belasten Sie beide Beine gleichmäßig.
Bewegungsdurchführung: Kippen Sie Ihr Becken abwechselnd vor und zurück, sodass Sie das Schambein einmal nach vorne schieben und anschließend ein leichtes Hohlkreuz machen. Führen Sie diesen beiden Bewegungen in einem fortlaufenden Wechsel durch. Die Übung kann auch in Rückenlage absolviert werden.
10 Wiederholungen pro Richtung

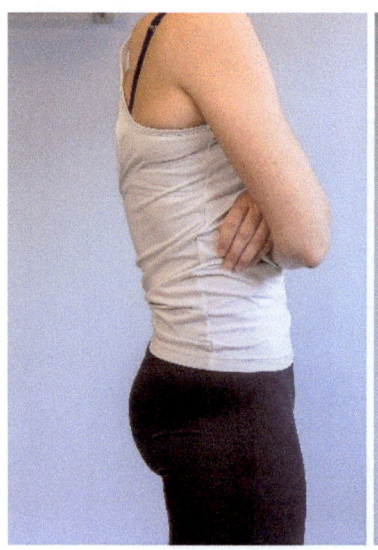

L2 – Lendenwirbelsäule

Körperregion: **Lendenwirbelsäule**
Übungsziel: **Mobilisation**
Schwierigkeitsgrad: **Leicht**
Ausgangsposition: Stellen Sie sich in eine aufrechte Position, und halten Sie die Wirbelsäule in ihrer natürlichen Form. Bauch, Rücken und Gesäß sind leicht angespannt, das Kinn ist leicht nach hinten gezogen (Doppelkinn). Belasten Sie beide Beine gleichmäßig.
Bewegungsdurchführung: Heben Sie abwechselnd einmal die rechte, dann die linke Ferse vom Boden ab und lassen dabei beide Beine gestreckt, sodass sich einmal die rechte, dann die linke Hüfte hebt und das Kreuz-Darmbein-Gelenk mobilisiert wird.
10 Wiederholungen pro Richtung

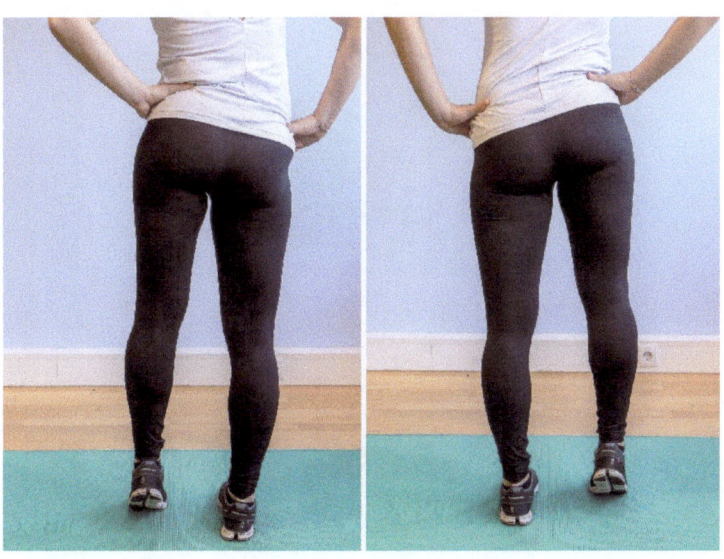

L3 – Lendenwirbelsäule

Körperregion: **Lendenwirbelsäule**
Übungsziel: **Mobilisation**
Schwierigkeitsgrad: **Leicht**
Ausgangsposition: Gehen Sie auf einer Matte in die Vierfüßlerposition, die Knie sind unter der Hüfte, die Hände sind unter den Schultern platziert. Die Wirbelsäule ist in ihrer natürlichen Position, der Nacken ist gerade, der Blick ist zum Boden gerichtet.
Bewegungsdurchführung: Schieben Sie Ihren Rücken in die Höhe, und machen Sie im Bereich der gesamten Wirbelsäule einen Buckel, das Kinn ist zum Brustbein gezogen. Lassen Sie anschließend den gesamten Rücken durchhängen. Machen Sie ein Hohlkreuz, und richten Sie Ihren Blick in die Höhe, indem Sie den Kopf in den Nacken legen. Führen Sie diese Bewegungen langsam und abwechselnd aus.
10 Wiederholungen pro Richtung

L4 – Lendenwirbelsäule

Körperregion: **Lendenwirbelsäule**
Übungsziel: **Mobilisation**
Schwierigkeitsgrad: **Leicht**
Ausgangsposition: Legen Sie sich entspannt auf den Rücken, und halten Sie die Wirbelsäule in ihrer natürlichen Position. Positionieren Sie die Arme neben Ihrem Körper. Winkeln Sie Ihre Beine an, und ziehen Sie die Knie zur Brust.
Bewegungsdurchführung: Drehen Sie die Beine behutsam zu einer Seite, indem Sie eine Rotation in der Lendenwirbelsäule durchführen. Die Arme bleiben durchgehend auf dem Boden und stabilisieren den Oberkörper. Senken Sie die angewinkelten Beine nur soweit ab, wie es für Sie angenehm ist, dann wechseln Sie zur anderen Seite. Wechseln Sie langsam zwischen rechter und linker Seite.
10 Wiederholungen pro Richtung

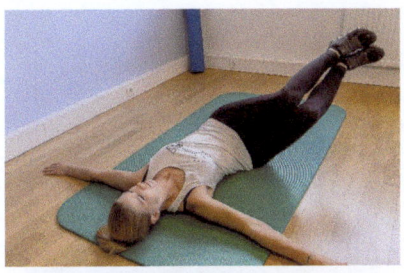

L5 – Lendenwirbelsäule

Körperregion: **Lendenwirbelsäule**
Übungsziel: **Kräftigung**
Schwierigkeitsgrad: **Leicht**
Ausgangsposition: Setzen Sie sich in eine aufrechte Position, und halten Sie die Wirbelsäule in ihrer natürlichen Form. Bauch, Rücken und Gesäß sind leicht angespannt, das Kinn ist leicht nach hinten gezogen (Doppelkinn). Platzieren Sie Ihre Hände auf den Knien.
Bewegungsdurchführung: Bauen Sie vorsichtig Spannung zwischen Händen und Beinen auf, indem Sie durch Aktivierung Ihrer Bauchmuskulatur mit dem Oberkörper nach vorne drücken. Äußerlich sollte keine Bewegung sichtbar sein, es kommt ausschließlich zu einem Druckaufbau zwischen Händen und Beinen und infolgedessen zu einer Kräftigung der Bauchmuskulatur. Wechseln Sie etwa alle drei bis fünf Sekunden zwischen Anspannung und Entspannung.
2 Durchgänge zu je 8 Wiederholungen (30 Sekunden Pause)

L6 – Lendenwirbelsäule

Körperregion: **Lendenwirbelsäule**
Übungsziel: **Kräftigung**
Schwierigkeitsgrad: **Leicht**
Ausgangsposition: Legen Sie sich entspannt auf den Rücken. Positionieren Sie die Arme neben Ihrem Körper, und stellen Sie Ihre Beine angewinkelt auf dem Boden ab. Drücken Sie die Lendenwirbelsäule in den Boden, indem Sie Ihre Bauchmuskulatur aktivieren und halten Sie diese Spannung während der gesamten Übung. Das Kinn ist leicht zur Brust gezogen (Doppelkinn).
Bewegungsdurchführung: Heben Sie Ihre gestreckten Arme in die Höhe, und versuchen Sie, diese überkopf wieder abzulegen, ohne dass die Lendenwirbelsäule den Kontakt zur Matte verliert. Führen Sie die Bewegung nur so weit aus, wie die Spannung im unteren Rücken gehalten werden kann und Sie den Kontakt zur Matte aufrechterhalten können (kein Hohlkreuz).
2 Durchgänge zu je 8 Wiederholungen (30 Sekunden Pause)

L7 – Lendenwirbelsäule

Körperregion: **Lendenwirbelsäule**
Übungsziel: **Kräftigung**
Schwierigkeitsgrad: **Leicht**
Ausgangsposition: Legen Sie sich entspannt auf den Rücken. Positionieren Sie die Arme neben Ihrem Körper, und stellen Sie Ihre Beine angewinkelt ab. Drücken Sie die Lendenwirbelsäule in den Boden, indem Sie Ihre Bauchmuskulatur aktivieren, und halten Sie diese Spannung während der gesamten Übung. Das Kinn ist leicht zur Brust gezogen (Doppelkinn).
Bewegungsdurchführung: Strecken Sie Ihre Beine Stück für Stück, ohne dass die Lendenwirbelsäule den Kontakt zur Matte verliert. Der Oberkörper bleibt durchgehend abgelegt. Führen Sie die Bewegung nur so weit aus, wie die Spannung im unteren Rücken gehalten werden kann und Sie den Kontakt zur Matte aufrechterhalten können (kein Hohlkreuz).
2 Durchgänge zu je 8 Wiederholungen (30 Sekunden Pause)

L8 – Lendenwirbelsäule

Körperregion: **Lendenwirbelsäule**
Übungsziel: **Kräftigung**
Schwierigkeitsgrad: **Mittel**
Ausgangsposition: Legen Sie sich entspannt auf den Rücken, und halten Sie die Wirbelsäule in ihrer natürlichen Position. Positionieren Sie die ausgestreckten Arme rechtwinklig neben Ihrem Körper. Winkeln Sie Ihre Beine an, und ziehen Sie die Knie zur Brust, sodass Hüfte und Knie einen rechten Winkel ergeben.
Bewegungsdurchführung: Drehen Sie die Beine behutsam zu einer Seite. Die Arme bleiben durchgehend auf dem Boden und stabilisieren den Oberkörper. Senken Sie die angewinkelten Beine soweit wie möglich ab, und halten Sie dabei die Spannung (kontrollierte, langsame Bewegung). Wechseln Sie langsam und abwechselnd zwischen rechter und linker Seite.
2 Durchgänge zu je 8 Wiederholungen pro Seite (30 Sekunden Pause)

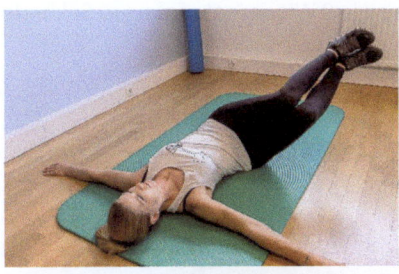

L9 – Lendenwirbelsäule

Körperregion: **Lendenwirbelsäule**
Übungsziel: **Kräftigung**
Schwierigkeitsgrad: **Mittel**
Ausgangsposition: Legen Sie sich in Bauchlage auf eine Matte, sodass die Wirbelsäule ihre natürliche Form behält. Legen Sie die Stirn auf Ihren Handrücken ab, der Nacken ist gerade (Blick zum Boden).
Bewegungsdurchführung: Heben Sie Ihren Oberkörper mit den Händen etwa fünf bis zehn Zentimeter vom Boden weg, sodass die Muskulatur im unteren Rücken angespannt wird. Heben Sie den Oberkörper nicht zu weit an, und achten Sie darauf, dass der Blick zum Boden gerichtet bleibt (gerader Nacken). Spannen Sie Gesäß und Bauchmuskulatur an, um die Lendenwirbelsäule zu schonen, und wechseln Sie etwa alle drei bis fünf Sekunden zwischen Anspannung und Entspannung, indem Sie abwechselnd den Oberkörper anheben und wieder ablegen.
2 Durchgänge zu je 8 Wiederholungen (30 Sekunden Pause)

L10 – Lendenwirbelsäule

Körperregion: **Lendenwirbelsäule**
Übungsziel: **Kräftigung**
Schwierigkeitsgrad: **Mittel**
Ausgangsposition: Legen Sie sich in Bauchlage, sodass die Wirbelsäule ihre natürliche Form behält. Legen Sie die Stirn ebenfalls auf der Matte ab, der Nacken ist gerade (Blick zum Boden). Die Arme liegen in Verlängerung des Körpers überkopf und gestreckt.
Bewegungsdurchführung: Heben Sie diagonal den rechten Arm und das linke Bein etwa 5–10 Zentimeter vom Boden weg. Anschließend wiederholen Sie die Übung mit dem linken Arm und dem rechten Bein und wechseln etwa alle fünf Sekunden zwischen den Seiten. Spannen Sie Gesäß und Bauch an, um die Lendenwirbelsäule zu schonen. Um den Rücken zusätzlich zu entlasten, drücken Sie jeweils mit dem abgelegten Arm und Bein in den Boden.
2 Durchgänge zu je 8 Wiederholungen pro Seite (30 Sekunden Pause)

L11 – Lendenwirbelsäule

Körperregion: **Lendenwirbelsäule**
Übungsziel: **Dehnung**
Schwierigkeitsgrad: **Leicht**
Ausgangsposition: Stellen Sie sich in eine aufrechte Position, und halten Sie die Wirbelsäule in ihrer natürlichen Form. Bauch, Rücken und Gesäß sind leicht angespannt. Strecken Sie beide Hände überkopf in die Höhe.
Bewegungsdurchführung: Strecken Sie abwechselnd die rechte und linke Hand so weit es geht in die Höhe. Versuchen Sie bei jedem Durchgang noch ein Stück weiter hinauf zu kommen, sodass die gesamte Wirbelsäule durchgestreckt wird. Sie können sich auch auf die Zehenspitzen stellen und das Gewicht abwechselnd von dem linken auf das rechte Bein verlagern.
2 Durchgänge zu je 30 Sekunden (15 Sekunden Pause)

L12 – Lendenwirbelsäule

Körperregion: **Lendenwirbelsäule**
Übungsziel: **Dehnung**
Schwierigkeitsgrad: **Leicht**
Ausgangsposition: Legen Sie sich entspannt auf den Rücken, und halten Sie die Wirbelsäule in ihrer natürlichen Position. Die Arme liegen seitlich ausgestreckt neben dem Körper.
Bewegungsdurchführung: Winkeln Sie ein Knie an, und lassen Sie es auf die gegenüberliegende Seite kippen, sodass es zu einer Drehbewegung im Bereich der Lendenwirbelsäule kommt. Drehen Sie sich nur so weit, wie es für Sie angenehm ist und solange beide Schultern den Boden berühren.
2 Durchgänge pro Seite zu je 30 Sekunden (15 Sekunden Pause)

L13 – Lendenwirbelsäule

Körperregion: **Lendenwirbelsäule**
Übungsziel: **Dehnung**
Schwierigkeitsgrad: **Leicht**
Ausgangsposition: Gehen Sie auf einer Matte in die Vierfüßlerposition, die Knie sind unter der Hüfte, die Hände sind unter den Schultern platziert. Die Wirbelsäule ist in ihrer natürlichen Position, der Nacken ist gerade, der Blick ist zum Boden gerichtet, und die Füße sind abgelegt.
Bewegungsdurchführung: Setzen Sie sich so weit wie möglich nach hinten, bis optimalerweise Ihr Gesäß Ihre Fersen berührt. Drücken Sie sich mit den Armen aktiv nach hinten, sodass es zu einer Dehnung im Bereich der Lendenwirbelsäule kommt.
2 Durchgänge zu je 30 Sekunden (15 Sekunden Pause)

R1 – Trainingsprogramm zur Kräftigung der Rumpfmuskulatur

Körperregion: **Bauchmuskulatur**
Übungsziel: **Kräftigung**
Schwierigkeitsgrad: **Schwer**
Übungsbeschreibung: Gehen Sie in einen Unterarmstütz, sodass die Ellbogen exakt unter den Schultern platziert sind und die Zehenspitzen aufgestellt sind. Der Blick ist zum Boden gerichtet, der Nacken ist gerade. Drücken Sie sich aus den Armen nach oben (kein Einsinken in der Brustwirbelsäule), und halten Sie die Lendenwirbelsäule stabil (kein Hohlkreuz machen). Halten Sie diese Position für mehrere Sekunden.
3 Durchgänge zu je 30 Sekunden (30 Sekunden Pause), die Belastungszeit kann individuell variiert werden

R2 – Trainingsprogramm zur Kräftigung der Rumpfmuskulatur

Körperregion: **Bauchmuskulatur**
Übungsziel: **Kräftigung**
Schwierigkeitsgrad: **Schwer**
Übungsbeschreibung: Starten Sie in Rückenlage mit abgelegtem Kopf, und strecken Sie die geschlossenen Beine in die Luft. Drücken Sie Ihre Lendenwirbelsäule und Ihren Nacken gegen die Matte. Nun senken Sie Ihre gestreckten Beine langsam ab und halten die Rumpfspannung (kein Hohlkreuz machen). Solange Sie ihre Lendenwirbelsäule auf der Matte halten können, können Sie die Beine noch weiter absenken. Bevor Sie diese Spannung verlieren, heben Sie die gestreckten Beine wieder in die Höhe, bis Sie die Ausgangsposition erreichen. Führen Sie diese Bewegung mehrmals hintereinander langsam durch.
3 Durchgänge zu je 10 Wiederholungen (30 Sekunden Pause)

R3 – Trainingsprogramm zur Kräftigung der Rumpfmuskulatur

Körperregion: **Bauchmuskulatur**
Übungsziel: **Kräftigung**
Schwierigkeitsgrad: **Schwer**
Übungsbeschreibung: Starten Sie in Rückenlage mit angewinkelten Beinen. Die Füße sind auf dem Boden abgestellt, die Lendenwirbelsäule wird gegen die Matte gedrückt (kein Hohlkreuz machen). Jetzt heben Sie den Oberkörper leicht an und versuchen, abwechselnd mit den Händen Ihre Knöchel zu berühren. Führen Sie diese Bewegung mehrmals abwechselnd nach rechts und links durch, ohne den Oberkörper abzulegen.
3 Durchgänge zu je 10 Wiederholungen pro Seite (30 Sekunden Pause)

R4 – Trainingsprogramm zur Kräftigung der Rumpfmuskulatur

Körperregion: **Seitlicher Bauch**
Übungsziel: **Kräftigung**
Schwierigkeitsgrad: **Schwer**
Übungsbeschreibung: Starten Sie in Rückenlage mit angewinkelten und rechtwinklig angehobenen Beinen. Drücken Sie die Lendenwirbelsäule gegen die Matte (kein Hohlkreuz machen). Jetzt berühren Sie diagonal mit dem Ellbogen das gegenüberliegende Knie. Führen Sie diese Übung mehrmals abwechselnd nach rechts und links durch. Zur Schwierigkeitssteigerung kann diese Übung ohne Ablegen des Oberkörpers oder der Beine ausgeführt werden.
3 Durchgänge zu je 10 Wiederholungen pro Seite (30 Sekunden Pause)

R5 – Trainingsprogramm zur Kräftigung der Rumpfmuskulatur

Körperregion: **Seitlicher Bauch**
Übungsziel: **Kräftigung**
Schwierigkeitsgrad: **Schwer**
Übungsbeschreibung: Gehen Sie in einen Seitstütz, sodass Ihr abstützender Ellbogen exakt unter der Schulter platziert ist. Drücken Sie sich aus dem Arm nach oben (kein Einsinken in der Schulter), sodass Ihr Körper eine gerade Linie ergibt. Halten Sie diese Position für mehrere Sekunden, dann wechseln Sie die Seite.
3 Durchgänge pro Seite zu je 30 Sekunden (30 Sekunden Pause), die Belastungszeit kann individuell variiert werden.

R6 – Trainingsprogramm zur Kräftigung der Rumpfmuskulatur

Körperregion: **Rückenmuskulatur**
Übungsziel: **Kräftigung**
Schwierigkeitsgrad: **Schwer**
Übungsbeschreibung: Gehen Sie auf einer Matte in die Vierfüßlerposition, die Knie sind unter der Hüfte, die Hände sind unter den Schultern platziert. Die Wirbelsäule ist in ihrer natürlichen Position, der Nacken ist gerade, der Blick ist zum Boden gerichtet, und die Füße sind abgelegt. Heben Sie diagonal jeweils ein Bein und die gegenüberliegende Hand an, und strecken Sie sich in die Länge. Halten Sie das Gleichgewicht und die Rumpfspannung. Gehen Sie wieder zurück in die Ausgangsposition, und wiederholen Sie die Übung abwechselnd auf beiden Seiten.
3 Durchgänge zu je 10 Wiederholungen pro Seite (30 Sekunden Pause)

R7 – Trainingsprogramm zur Kräftigung der Rumpfmuskulatur

Körperregion: **Rückenmuskulatur**
Übungsziel: **Kräftigung**
Schwierigkeitsgrad: **Schwer**
Übungsbeschreibung: Gehen Sie in eine Liegestützposition, sodass die Hände exakt unter den Schultern platziert, und die Zehenspitzen aufgestellt sind. Der Blick ist zum Boden gerichtet, der Nacken ist gerade. Drücken Sie sich aus den Armen nach oben (kein Einsinken in der Brustwirbelsäule), und halten Sie die Lendenwirbelsäule stabil (kein Hohlkreuz machen). Dann heben Sie diagonal jeweils ein Bein und die gegenüberliegende Hand an und strecken sich in die Länge. Halten Sie das Gleichgewicht und die Rumpfspannung. Gehen Sie wieder zurück in die Ausgangsposition, und wiederholen Sie die Übung abwechselnd auf beiden Seiten.
3 Durchgänge zu je 10 Wiederholungen pro Seite (30 Sekunden Pause)

R8 – Trainingsprogramm zur Kräftigung der Rumpfmuskulatur

Körperregion: **Rückenmuskulatur**
Übungsziel: **Kräftigung**
Schwierigkeitsgrad: **Schwer**
Übungsbeschreibung: Starten Sie in Rückenlage mit angewinkelten Beinen. Die Füße sind auf dem Boden abgestellt, die Lendenwirbelsäule wird gegen die Matte gedrückt (kein Hohlkreuz machen). Jetzt heben Sie das Becken an, sodass ihr Körper von den Knien bis zu den Schultern eine gerade Linie ergibt. Spannen Sie die Bauchmuskulatur und das Gesäß an, um ein Hohlkreuz zu verhindern. Senken Sie das Becken dann wieder ab, gehen Sie zurück in die Ausgangsposition, und wiederholen Sie die Übung mehrmals. Der Kopf bleibt auf der Matte abgelegt, mit Blick in die Höhe (den Nacken nicht seitlich verdrehen).
3 Durchgänge zu je 12 Wiederholungen (30 Sekunden Pause)

NACHWORT

Das vorliegende Buch ist, wie bereits in der Einleitung erwähnt, kein wissenschaftliches Werk zum Thema Rückenschmerzen. Trotzdem hoffe ich, durch die Darlegung unterschiedlicher Aspekte der Problematik und vor allem durch ausführliche praktische Übungen viele Patienten ansprechen und ihnen durch meine Arbeit Hilfestellungen bieten zu können.

Ich habe dieses, mein erstes Buch persönlich und nach bestem Wissen und Gewissen verfasst. Dennoch möchte ich Sie, geschätzte Leser, erneut darauf hinweisen, dass es keine professionelle und vor allem persönliche Beratung, Untersuchung und Diagnose von einem approbierten Arzt ersetzen kann. Machen Sie die angeführten Übungen nur dann, wenn Sie sie vollständig verstanden haben, sie richtig ausführen können und Sie das Gefühl haben, sie tun Ihnen gut. Unterlassen Sie die Übungen, sobald Schmerzen auftreten oder wenn sich bestehende Schmerzen verschlechtern. Die Anleitungen dienen ausschließlich der Hilfe zur Selbsthilfe und dürfen nicht zur Erstellung eigenständiger Diagnosen verwendet beziehungsweise als Behandlung im medizinischen Sinne verstanden werden. Ebenso kann ich nicht garantieren, dass durch die Übungen in jedem Fall eine Linderung der Schmerzen oder ähnliche Erfolge erreicht werden.

Ich hoffe dennoch, dass dieses Buch vielen Patienten eine Hilfestellung ist, um Schmerzen besser verstehen zu können und aktiv gegen Rückenschmerzen vorzugehen.

An dieser Stelle möchte ich mich ausdrücklich bei all jenen Personen bedanken, die mich bei der Arbeit an meinem ersten Buch so tatkräftig unterstützt haben. Vielen Dank für die unzähligen Korrekturarbeiten sowie die zahlreichen Vorschläge für einen passenden Titel und Untertitel. Danke auch an den Fotografen Andreas Hartl für die professionellen Bildaufnahmen, die meine praktischen Übungen sehr gut veranschaulichen, sowie an all jene Personen, die mich in sonstiger Art und Weise in meinem Vorhaben unterstützt, motiviert und bestätigt haben.

Zu guter Letzt möchte ich mich bei allen Menschen bedanken, die dieses Buch bisher gelesen haben. Ich hoffe, Sie konnten Ihr Wissen zum Thema Rückenschmerzen erweitern und aus den praktischen Anleitungen einige Tipps für einen gesunden Alltag mitnehmen. In diesem Sinne wünsche ich Ihnen ein aktives, gesundes und schmerzfreies Leben.

QUELLENANGABEN

Alrwaily, M., Timko, M., Schneider, M., et al. (2016). Treatment-Based Classification System for Low Back Pain: Revision and Update. Phys Ther, 96(7), 1057–1066.

Barz, M. & Huonker, M. (2010). Sporttherapie – Theoretische Grundlagen und praktische Anwendung. *SportOrthoTrauma, 26,* 209–215.

Basler, H. D., Beisenherz-Hahn, B., Frank, A., et al. (1993). Rücken stärken – Konzept und Evaluation einer Rückenschule für den Arbeitsplatz. Der Schmerz, 7, 268-279.

Baumann, S., Funk, M., Schüller, D., et al. (2020). Rückenschmerzen im Alltag besiegen. Abgerufen am 22. März 2020, von https://www.special-rueckenschmerz.de/tipps/

Bender, C. & Draksal, M. (2009). Das Lexikon der Mentaltechniken. Leipzig: Draksal Fachverlag.

Bialosky, J. E., Bishop, M. D., Price, D. D., et al. (2009). The mechanisms of manual therapy in the treatment of muscuskeletal pain: A comprehensive model. Manual Therapy, 14, 531–538.

Bialosky, J. E., Beneciuk, J. M., Bishop, M. D., et al. (2018). Unraveling the Mechanisms of Manual Therapy: Modeling an Approach. Journal of Orthopaedic & Sports Physical Therapy, 48.

Faust, V. Rückenschmerzen. Seelische und Psychosoziale Aspekte. Abgerufen am 17. März 2020, von http://www.psychosoziale-gesundheit.net/pdf/Int.1-Rückenschmerzen.pdf

Fehrmann, E., Mair, P., Fischer, L., et al. (2017). Analysis of Avoidance-Endurance Model-Subgroups.

Fehrmann, E., Tuechler, K., Kienbacher, T., et al. (2017). Comparison in Muscle Function and Training Rehabilitation Outcomes Between Avoidance-Endurance Model Subgroups. Clin J Pain, 33, 912–920.

Fehrmann, E., Kotulla, S., Fischer, L., et al. (2018). The impact of age and gender on the ICF-based assessment of chronic low back pain. Disability and Rehabilitation.

Fehrmann, E., Kienbacher, T., Mair, P., et al. (2017). The Relevance of Age and Gender within the Comprehensive ICF Core Set for Low Back Pain.

Fischer, L., Tuechler, K., Kienbacher, T., et al. (2017). Pain Management: Focus on Life Values instead of Pain.

Foster, N. E., Anema, J. R., Cherkin, D., et al. (2018). Prevention and treatment of low back pain: evidence, challenges, and promising directions. Lancet, 391, 2368–83.

Hartvigsen, J., Hancock, M., Kongsted, A., et al. (2018). What low back pain is and why we need to pay attention. Lancet, 391, 2356–67.

Hasenbring, M. I., Chehadi, O., Titze, C., & Kreddig, N. (2014). Fear and anxiety in the transition from acute to chronic pain: there is evidence for endurance besides avoidance. Pain Manag., 4(5), 363–374.

Häcker, H. O. & Stapf, K. H. (2009). Dorsch. Psychologisches Wörterbuch (15. Auflage). Bern: Hans Huber Verlag.

Hodges, P. W. & Danneels, L. (2019). Changes in Structure and Function of the Back Muscles in Low Back Pain: Different Time Points, Observations, and Mechanisms. Journal of Orthopaedic & Sports Physical Therapy, 49(6), 464–476.

Hornich, T. [Theri Hornich]. 2020. Abgerufen 2020, von https://www.youtube.com/

Krammer-Pojer, O. (2019). OGKA. Was ist Akupunktur? Abgerufen am 21. März, von https://ogka.at/interessierte-patienten/was-ist-akupunktur/

Leithner, A., Leitner, L. (2017). Rückenschmerz: Was ist das? Abgerufen am 17. März, von https://www.gesundheit.gv.at/krankheiten/koerper/schmerzen/rueckenschmerzen

Liebscher-Bracht, R. & Bracht, P. (2020). Rückenschmerzen – wenn der Rücken schmerzt, liegt das Problem meist ganz wo anders. Abgerufen am 21. März, von https://www.liebscher-bracht.com/schmerzlexikon/rueckenschmerzen/

Liebscher-Bracht, R. & Bracht, P. (2020). Nackenschmerzen – wenn die Last auf den Schultern zu groß wird. Abgerufen am 21. März, von https://www.liebscher-bracht.com/schmerzlexikon/nackenschmerzen/

Morschitzky, H. Das bio-psycho-soziale-Krankheitsmodell: Ein modernes Konzept und seine Folgen. Abgerufen am 19. März 2020, von https://panikattacken.at/krankheitsmodell/krankheitsmodell.html

Munkhambwa, E., Fleischer, M.T., Neubauer, S., et al. (2020). Physikalische Therapie. Abgerufen am 21. März 2020, von https://www.minimed.at/medizinische-themen/bewegungsapparat/physikalische-therapie/

Owen, P. J., Miller, C. T., Mundell, N. L., et al. (2019). Which specific modes of exercise training are most effective for treating low back pain? Network meta-analysis. Br J Sports Med 0, 1-12.

Payne, R. A., (1998). Entspannungstechniken. Ein praktischer Leitfaden für Therapeuten. Stuttgart, Jena, Lübeck, Ulm: G. Fischer.

Pedersen, B. K. & Saltin, B. (2015). Exercise as medicine – evidence for prescribing exercise as therapy in 26 different chronic diseases. Scand J Med Sci Sports, 25, 1–72.

Pedersen, B.K. (2019). The Physiology of Optimizing Health with a Focus on Exercise as Medicine. Annu. Rev. Physiol. 81, 25.1–25.21.

Richter, M. (2017). „Schmerzen verstehen" in der Praxis. Inhalte und klinische Anwendung. Manuelle Medizin, 55, 265–273.

Richter, M., Maurus, B., Moog, M. E., et al. (2019). Die deutsche Version des Neurophysiology of Pain Questionnaire. Heidelberg: Springer Medizin Verlag.

Saragiotto, B. T., Maher, C. G., Yamato, T. P., et al. (2016). Motor control exercise for chronic non-specific low-back pain (Review). The Cochrane Collaboration.

Schneider, C. (2013). Betriebliche Gesundheitsförderung durch Stärkung der Ressourcen. Abgerufen am 19. März, von https://www.boeckler.de/pdf/v_2013_03_13_schneider.pdf

Spornitz, U. M. (2007). Anatomie und Physiologie. Lehrbuch und Atlas für Pflege- und Gesundheitsberufe (5. Auflage). Heidelberg: Springer Medizin Verlag.

Strebl, M. (2018). Bewegungsübungen für den beruflichen Alltag. Lebendigkeit – Notwendigkeit – Lebensfreude. Abgerufen am 23. März 2020, von https://www.auva.at/cdscontent/load?contentid= 10008.655691&version=1527591980

Thalhammer, C. (2017). A fundamental critique of the fascial distortion model and its application in clinical practice. *Journal of Bodywork & Movement Therapies, 22,* 112–117.
Thalhammer, C. (2018). Muskuloskelettale Physiotherapie. Eine Standortbestimmung. *Physioaustria.*
Thalhammer, C. (2018). „Schmerzen verstehen" ist ein wichtiger Eckpfeiler in der Schmerztherapie. Heidelberg: Springer Medizin Verlag.
Thalhammer, C. (2019). Kritische Betrachtung des Fasziendistorsionsmodells. *Manuelle Therapie, 23,* 81–89.
Thesis. (o. D.) *In Wikipedia.* Abgerufen am 16. März 2020, von https://de.wikipedia.org/wiki/Wirbelsäule
Thesis. (o. D.) *In Wikipedia.* Abgerufen am 17. März 2020, von https://de.wikipedia.org/wiki/Rückenmark
Thesis. (o. D.) *In Ratgeber Nerven by Kanyo.* Abgerufen am 17. März 2020, von https://www. ratgeber-nerven. de/rueckenschmerzen/hilfe/faszien/
Thesis. (o. D.) *In Gelenk Klinik.* Abgerufen am 18. März 2020, von https://gelenk-klinik.de/wirbelsaeule/rueckenschmerzen-richtig-erkennen-und-behandeln.html#arten
Thesis. (o. D.) *In Wikipedia.* Abgerufen am 18. März 2020, von https://de.wikipedia.org/wiki/Fibromyalgie
Thesis. (o. D.) *In Wikipedia.* Abgerufen am 18. März 2020, von https://de.wikipedia.org/wiki/Spondylolisthesis
Thesis. (o. D.) *In Netdoktor.* Abgerufen am 18. März 2020, von https://www.netdoktor.de/krankheiten/spinalkanalstenose/
Thesis. (o. D.) *In Wikipedia.* Abgerufen am 18. März 2020, von https://de.wikipedia.org/wiki/Facettensyndrom
Thesis. (o. D.) *In Wikipedia.* Abgerufen am 18. März 2020, von https://de.wikipedia.org/wiki/Cauda-equina-Syndrom
Thesis. (o. D.) *In Wikipedia.* Abgerufen am 18. März 2020, von https://de.wikipedia.org/wiki/Spondyloarthritis
Thesis. (o. D.) *In Betanet.* Abgerufen am 18. März 2020, von https://www.betanet.de/chronische-schmerzen-familie-und-alltag.html

Thesis. (o. D.) *In Gesundheit.gv.at*. Abgerufen am 20. März 2020, von https://www.gesundheit.gv.at/leben/ernaehrung/info/ernaehrungspyramide/ernaehrungspyramide

Thesis. (o. D.) *In Wikipedia*. Abgerufen am 21. März 2020, von https://de.wikipedia.org/wiki/Manuelle_Therapie

Thesis. (o. D.) *In Wikipedia*. Abgerufen am 21. März 2020, von https://de.wikipedia.org/wiki/Physiotherapie

Thesis. (o. D.) *In Wikipedia*. Abgerufen am 02. April 2020, von https://de.wikipedia.org/wiki/PLIF

Tuechler, K., Fischer, L., Kienbacher, T., et al. (2017). Evaluating Emotional States of Chronic Low Back Pain Patients: A Mixed-Method Design.

Weigl, T. (2014). Chronische Schmerzen verstehen – Das bio-psycho-soziale Modell. Abgerufen am 19. März 2020, von https://bomedus.com/blog/blogartikel/54_chronische-schmerzen-verstehen-das-bio-psycho-soziale-modell/

Die Autorin

Mag. Theresa Hornich, MSc. hat Sportwissenschaften und Psychologie an der Universität Wien studiert, ist akkreditierte Trainingstherapeutin und diplomierte Sport-Mentaltrainerin. Außerdem besitzt sie mehrere Zusatzausbildungen in den Bereichen Fitness und Athletik und ist ausgebildete Trainerin im Eishockey.

Sowohl durch ihren sportlichen Hintergrund als Profi-Eishockeyspielerin und langjährige Nationalteam-Torhüterin für Österreich als auch durch ihre Tätigkeit als Trainerin im Nachwuchs- und Erwachsenenbereich, beziehungsweise im Management der Dameneishockey Nationalteams, hat sie zahlreiche Erfahrungen in vielen unterschiedlichen Facetten des Sports sammeln können.

Sie engagiert sich beruflich im Bereich des Gesundheitssports und in der Sportart Eishockey. Derzeit ist sie als Trainingstherapeutin in der ambulanten Rehabilitation, sowie in unterschiedlichen Bereichen des Eishockeysports tätig.

novum VERLAG FÜR NEUAUTOREN

Der Verlag

„Wer aufhört
besser zu werden,
hat aufgehört
gut zu sein!

Basierend auf diesem Motto ist es dem novum Verlag ein Anliegen neue Manuskripte aufzuspüren, zu veröffentlichen und deren Autoren langfristig zu fördern. Mittlerweile gilt der 1997 gegründete und mehrfach prämierte Verlag als Spezialist für Neuautoren in Deutschland, Österreich und der Schweiz.

Für jedes neue Manuskript wird innerhalb weniger Wochen eine kostenfreie, unverbindliche Lektorats-Prüfung erstellt.

Weitere Informationen zum Verlag und
seinen Büchern finden Sie im Internet unter:

w w w . n o v u m v e r l a g . c o m